帰国子女に学ぶ

グローバルで活躍する子どもの育て方

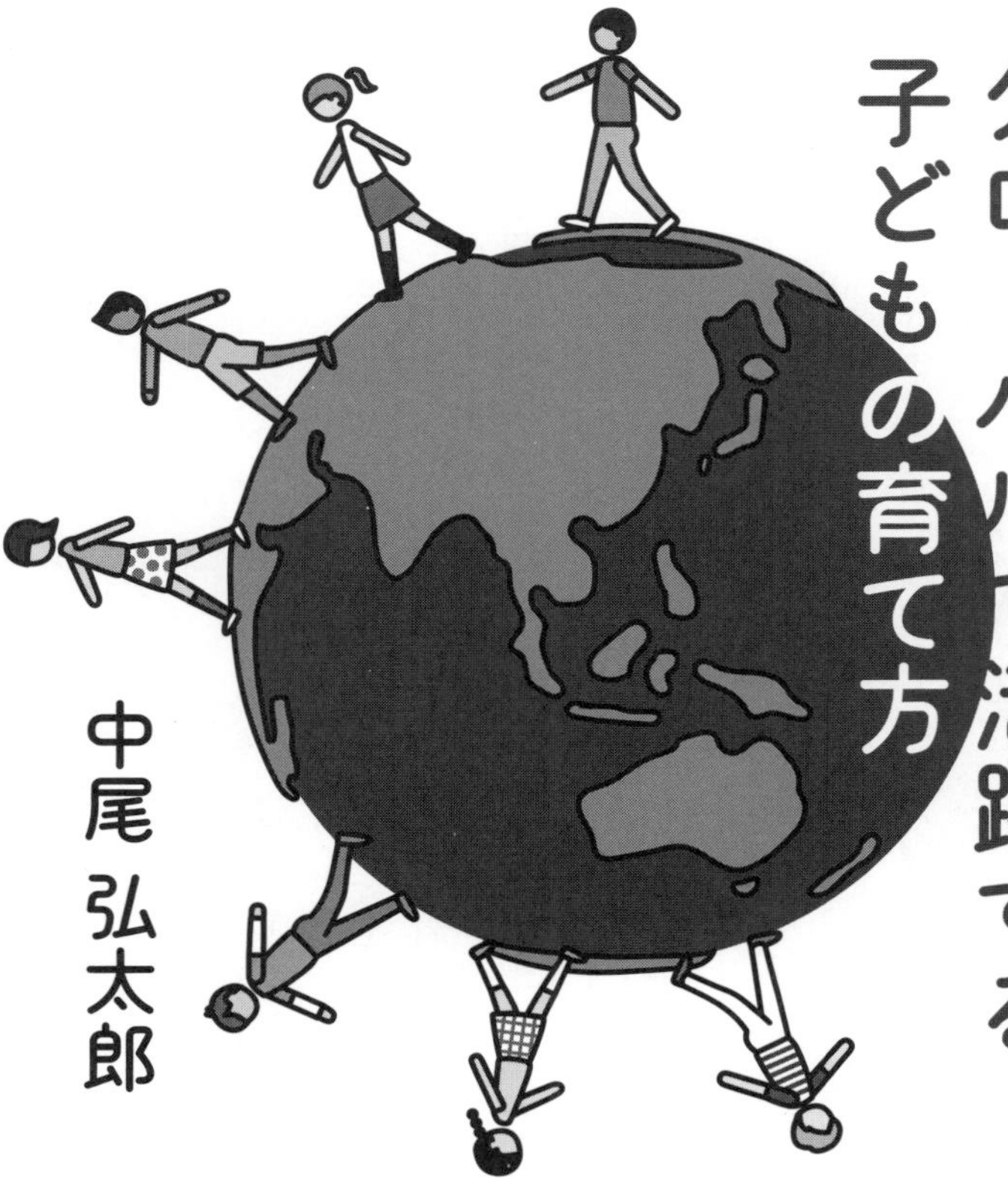

中尾 弘太郎

産業能率大学出版部

はじめに

こんにちは、中尾弘太郎です。僕は「海外帰国子女※1」です。父の仕事の関係で両親がドイツのフランクフルトに住んでいたときに、僕は生まれました。1975年のことです。

3歳で日本に帰国し、都内の幼稚園、そして小学校へと進みましたが、小学3年の1学期終了時に再びドイツへ。学年を1年下げて現地の小学校に編入すると同時に、国語や算数など、必要最低限の日本の教育を受けるため、土曜日には補習授業校に通うことになりました。

1995年に現地の高校を卒業した後は、帰国子女枠を使って日本の大学に入学し、2000年に卒業。社会人となった僕は、事業会社を経て、コンサルティング会社に就職しました。2019年には独立し、国際税務に関するコンサルティングサービスを提供する会社を立ち上げ、現在に至っています。

さて、突然ですが、「海外」という言葉を聞いて、皆さんは何を連想しますか？一昔前であれば、「海外は遠い存在で、自分とは無関係」と答えた方もいらっしゃるかもしれません。しかし、昨今では国や地域の結びつきが世界規模で深まる、いわゆるグローバル化が進み、海外はもはや遠い存在ではなくなりました。実際に出向かなくても、国や海をまたいだオンライン会合や、ニュース番組のライブ配信などを通じて、海外を身近に感じている人は多いはず。そう、海外はもはや、誰にとっても関係のある存在なのです。

海外が誰にでも関係していることを示すために、「在外邦人」を例に挙げて考えてみましょう。在外邦人の数は、ここ数年で増加の一途をたどっています。外務省の統計によると、2021年10月時点における在外邦人数は約134万人であり、10年前の2011年と比べると、約14%増加。僕が住んでいるドイツでも、日本人の数は4万2000人台と、高水準を維持しています。※2

※1　本書では「海外帰国子女」を、次の通り定義します：「海外在住経験を有し、保護者の片方もしくは両方が日本国籍保有者で、あるタイミングで日本に本帰国した者、または、そのまま海外に在住している者」
※2　外務省『海外在留邦人数調査統計』

在外邦人の多くは、滞在国の文化や言語などに触れながら、かけがえのない生活を送っています。その一方で、さまざまな課題と向き合いながら暮らしているのも事実。課題の1つとして挙げられるのが、子どもの教育です。

多くの日本人家庭は、渡航時における子どもの年齢や滞在期間によって、子どもを海外滞在中にどの学校に通わせるかを決めます。選択肢としては、全日制の日本人学校、補習授業校、インターナショナルスクール、現地校などが挙げられるでしょう。これだけでも種類が多くて迷いそうですが、ドイツに関していえば、現地校だけでも小学校、ギムナジウム、実科学校、基幹学校、総合学校などと多岐にわたります。

ここで問題となるのが、情報です。

それぞれの学校の概要は、インターネットなどを使えば必要な情報を検索することができます。ところが、その「実態」となると情報量は激減。情報通信技術が発展した今もなお、さまざまな疑問に対するヒントが得られにくいのが現状ではないでしょうか。

例えば、**「外国語がまったくできないのに、子どもをいきなり現地校に入れても大丈夫だろうか?」**、**「子どもが現地校に編入したものの、授業にまったくついていけない。どうすればよいのだろう?」**などの学校教育に関連する不安は、在外邦人であれば誰もが経験したことがあるはずです。

情報に関する問題は、在外邦人に限ったことではありません。世界の距離が縮む中、子どもを育てる親であれば誰もが、次の根源的な問いに対する答えを求めているのではないでしょうか。

グローバル時代を生きる上で、どのようなスキルが必要になるのか?

この問いについて考える際、僕には昨今のウクライナ情勢が思い浮かびます。戦火から逃れたウクライナ人に関する報道を目にしない日はありません。彼らは幸いにも避難できたとはいえ、とりわけ子どもたちは「避難先の学校に通う」という、戦争さえ起きなければ想像すらしていなかったであろう状況に直面しています。

実際、僕の息子のクラスにもウクライナ人の男の子が編入しました。男の子はドイツ語を話せず、また、クラスメートはウクライナ語を解せず。こうした場合、子どもたちにどのようなスキルがあれば、意思疎通が図れるのでしょうか。


僕が本書を出そうと決意したのは、「グローバル時代を生きる上で、どのようなスキルが必要になるのか？」という問いを考えるのに、僕自身の海外帰国子女としての経験が1つの参考になると思ったからです。

ドイツで生まれ育った僕は、日本語やドイツ語を学ぶ過程で、実にさまざまな壁にぶつかりました。できることなら思い出したくない人種差別にも、何度も遭いました。また、自分自身の存在意義について悩むことも多々ありました。

しかし、「つらい経験は、決して無駄ではなかった」と、今では断言できます。経験を通じて、グローバル時代においてどのようなスキルが必要となるのか、自分なりの答えを出すことができたからです。この、自分自身の経験から見いだした「未来への提言」を皆さんと共有するのが、本書の目指すところです。

僕はドイツで育ち、現在もドイツに暮らしているため、「海外帰国子女」といってもドイツを中心に話を展開しています。でも、どこの国で生まれ、育ったとしても、海外帰国子女とその家族が抱える悩みや置かれた環境には、きっと共通点が見いだせるはずです。

本書は全6章から成り立っています。第1章では、僕の生い立ちを振り返りながら、ドイツでの生活に順応しようと奮闘した体験を綴りました。第2章では、言語の習得に焦点を当て、その意義や、言語習得に際しての親の関わり方などについて考えていきます。第3章のテーマは「カルチャーショックと差別」。偏見や差別が生まれるメカニズムや、それらとどう向き合うべきかを論じます。

第4章の主役は、子どもです。海外で育つ子どもたちがどのように見られているのか。そして、子どもたちは何を考えているのか。それらのナゾに迫ります。続く第5章では、「親」に着目。子どもの海外での教育について親がどのような悩みを抱えているのかを明らかにした上で、その解決策を模索します。

そして、最終章では未来に目を向けます。グローバル化が進む中、人間はどのようなスキルを必要としているのか。これは、子どもや在外邦人のみならず、すべての人間が直面する課題です。

なお、僕は海外帰国子女に関する講演に講師としてお招きいただくことが、たびたびあります。そのような場ではよく、「明確な答えを求める質問」をいただきます。それは、例えば次のような質問です。

「ドイツに来てからというもの、うちの子の日本語の語彙数が減ってしまいました。年相応の語彙力を養うための具体的なステップを教えてください」

しかし僕は、言語の専門家でもなければ教育者でもないので、こうした質問に対して技術的なアドバイスをすることはできません。また、本書もそのようなテクニカルな情報を提供することを目的とはしていません。

本書の趣旨は、僕の海外帰国子女として経験を共有することを通じて、子どもをグローバルな環境で育てる際の「ヒント」をつかんでいただくことです。「答え」はその先にあり、答えを出せるのは、あくまで当事者である親子だけ、と僕は考えています。

ところで、本書のタイトルは「グローバルで活躍する子どもの育て方」です。僕は、次の3つを「グローバル化が進む中で必要とされるスキル」として掲げたいと思います。

・思考力
・コミュニケーション能力
・目標設定力（自分のビジョンをもつ力）

つまり、「グローバルで活躍する子ども」を育てるには、この3つのスキルを培うことが重要だと、僕は考えます。では、3つのスキルの具体的な内容と、海外帰国子女の関係について、これから皆さんと一緒に考えていきましょう。

もくじ

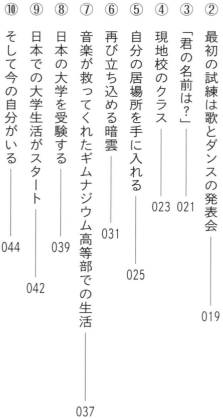

第4章 「自分」は何者か

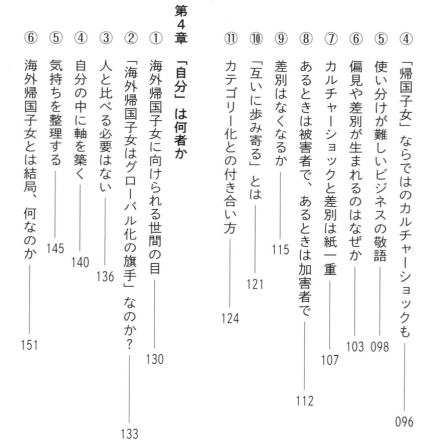

おわりに

第1章 波打つ海に放り込まれて

1

8歳で現地校に編入

日系のメーカーに勤めていた僕の父が、母とともにドイツの地を踏んだのは1970年代前半。父が仕事でドイツへの出向が決まったためでした。

学生の頃からドイツクラシック音楽界の巨匠ブラームスやワーグナーに傾倒していただけに、父は超がつくほどのドイツ好き。会社では何かにつけて自分のドイツ好きをアピールし、ドイツ行きを常に狙っていたのだとか。熱い思いがあったからこそドイツ行きが実現したという、本当だかウソだかわからない話を聞いたことがあります。

両親の1度目のフランクフルト滞在中に姉が誕生。その1年半後に、僕が生まれました。父と母の2人で始まったドイツ生活に、姉と僕が加わることになったのです。

日本に帰国したのは、僕が3歳のときでした。物心がつく前に日本に帰国したので、当時のことは何も覚えていません。

両親はドイツ生活で身につけた習慣を帰国後にも続けるようなことはしていなかったため、日常生活の中でドイツを意識することはありませんでした。唯一、母が「ジャケット」のことを「ヤッケ」と呼ぶときだけ、ドイツ生活の名残が感じられました。僕は自分がドイツ生まれであると意識することなく、日々を過ごしていました。

父の仕事の都合で再びドイツ行きが決まったのは、僕が小学3年生のときです。その頃の僕は友人関係にも恵まれ、充実した学校生活を送っていました。でも、ドイツ行きが決まったことに、不満や不安を抱いたという記憶はありません。おそらく当時の僕は、住み慣れた環境での生活が終わったり、仲のいい友達と離ればなれになったりすることが自分にどのような影響を及ぼすのか、そもそも理解していなかったのだと思います。

当初は2、3年で帰る予定でしたが、いざその期間が過ぎると、「あともう1年」の繰り返し。結局、ギムナジウム（大学への入学を準備するための中等学校）を卒業するまでの12年間をドイツで過ごすことになりました。

生まれてから3歳まで過ごした記憶など当然なかったため、再びドイツの地を踏んだときは、すべてがゼロからのスタートでした。僕は日本の学校では小学3年生でしたが、ドイツ語をまったく理解できないので、現地校では学年を1つ下げることに。

初日、登校する前に、「先生に名前を呼ばれた場合、大きい声で『Ja《ヤー》』（日本語の「はい」）と言うんだよ」と、父から教わりました。「じゃあ、練習してみよう」という先生役の父に向って、恥ずかしがりながら「ヤー」と返事したことを覚えています。

予備知識や心の準備は一切なし。それはまるで、波打つ海にいきなり放り込まれたようなものでした。

2

最初の試練は歌とダンスの発表会

現地校に編入した僕を待ち受けていた試練については、まるで昨日のことのように覚えています。最初の試練は、歌とダンスの発表会。町のコンサートホールで開催される発表会に、編入したばかりの僕も参加することになったのです。

歌詞や振り付けを知らないのはもちろん、ドイツ語がまったく解せない僕は、リハーサル中に先生から細かい指示が飛んできても、何を言われているのか、さっぱりわかりません。夏休み前、つまり、1年生の頃から練習を重ねてきたであろう同級生が余裕の演技を見せるのに対し、自分はただただ困惑するばかり。

考えてもみてください。「次のステップ、右足からだったっけ？」と、隣の友達にこっそり確認する手段もなければ、「やりたくない！」と嘆く術すらないのです。今思えば、先生はよくもこんな僕を参加させようとしたものです。いくら当時の僕が新しい環境に身を置くことの意味をまだ理解していなかったとはいえ、さすがにそのときは「置いてきぼりにされた」という気持ちでいっぱいでした。

でも、結論からいうと、発表会はなんとか切り抜けられました。ドイツ語の歌詞を短期間で覚えるのはさすがに難しかったので、本番ではずっと口パク。ダンスは、周りの子の動きの見よう見まねで乗り切ったのです。他の生徒が「先生、コータローが全然わかってなくて邪魔です」などと、僕を必要以上に意識しなかったことも、不幸中の幸いでした。

大人になれば、この程度の困難はいくつも経験するものです。でも、幼かった当時の自分にとって、右も左もわからない環境で、相当にハードルが高かったのではないかと、今では思います。この時点でドイツでの生活が嫌になってしまう可能性だってあったはずです。

最初の試練をなんとか乗り越えた僕。いや、「乗り越えざるを得なかった」という表現の方が正しいかもしれません。だって、当時の僕には、頑張って乗り越えるしか選択肢がなかったのですから。

3

「君の名前は？」

予備知識を一切持たず、いきなりドイツの小学校という大海原に放り込まれた僕。語学レベルは、「授業についていける・いけない」以前の問題で、授業中に何が起こっているのかさえもわからない状態でした。だって、アルファベットすら知らなかったのです。クラスのみんなが、それまで使っていた罫線ノートをしまい、代わりに方眼ノートを取り出したのを見て、「あ、授業がドイツ語から算数に変わったんだ」と気がつく始末。授業中にクラスメートが笑っていても先生が怒っていても、僕にはなぜなのか、理由がさっぱりわかりませんでした。

休み時間はつらいひと時でした。クラスメートが気の合う仲間同士でふざけ合ったり、校庭を走り回ったりしている中、ぽつねんとして1人佇む自分。5分休憩ならまだしも、15分休憩ともなると、それが1時間に思えるほどでした。

クラスメートが僕を疎外するようなことはなかったけれど、言語の壁は子どもの間にも大きく立ちはだかっていました。相手もまだ子どもなので、ドイツ語を解せない僕に気を遣ってゆっくり喋ってくれることはありません。かと言って、自分から率先して「僕も仲間に入れてよ」と話しかけるだけの語学力と勇気も持ち合わせていなかったのです。

そうした中、転機が訪れました。編入して数カ月後のことだったでしょうか。ある日の休み時間に、近くにいた同級生に向けて、「Wie《ヴィー》 heißt《ハイスト》 du?《ドゥー》」（君の名前は？）と投げかけてみたのです。すると、「Ich《イヒ》 heiße《ハイセ》 ○○」（僕の名前は○○だよ）と、ちゃんと返事が戻ってきたのです。すごい！ 自分のドイツ語がちゃんと通じた！ 初めて発したドイツ語が、公の場でちゃんと理解された瞬間でした。

当時の僕は家庭教師のもとでドイツ語を学んでいました。同級生に話しかけたい一心で、覚えたてのドイツ語を使ってみたのでしょう。ここから、「コータロー、ドイツ語話せるんだ。しかも、家も近いんだね」と、友達の輪が一気に広がっていきました。そして、それまでは母の付き添いのもと登校していましたが、これをきっかけに、徐々に友達と登下校するようになっていったのです。

4 現地校のクラス

友達と会話できるようになったからといって、その後はすべてが順調だったわけではありません。悔しい思いもたくさん経験しました。今でも忘れられないのが、「共犯事件」。それは、休み時間にクラスメートがふざけ合っていたことに端を発します。最初こそ楽しそうにじゃれ合っていたものの、そのうちだんだん本気になり、ついには殴り合いのケンカに発展。

僕はといえば、その騒動にはまったく関わっていません。なのに、たまたま現場の近くにいたものだから、僕も一緒に先生から叱られる羽目に。なんとも腑に落ちない話です。でも、「先生、僕はたまたま近くにいただけで、実際は何もしていません。僕まで叱られるのはおかしいと思います」と抗議したいのに、ドイツ語で伝えられないという、もどかしい思いをしました。

「発言」についても、苦い思い出があります。ドイツの学校では、授業中に積極的に発言することが求められます。発言による授業への貢献度は、生徒の成績を決める際に、筆記試験の結果と同等に考慮されます。つまり、どんなに筆記試験の結果がよくても、授業中にまったく発言しなかった場合は、それが減点材料となり、最終的な成績がその分悪くなってしまうのです。

授業では、先生が問いかけるや否や一斉に手を挙げ、誰かの発言に「それ、僕が言いたかったのに！」と悔しがったり、当てられるまでずっと挙手し続けたりと、みんな、思い思いに発言します。でも、当時の僕にとって、発言は最も苦手なことの1つでした。一度も挙手することなく、いつもその場に座っているだけで精一杯でした。

そんな僕を見かねた先生は、授業中に何度も助け船を出し、授業後にも「みんなのように発言しないとダメだよ」と声を掛けてくれました。でも、当時の僕は「人前で喋るのが恥ずかしい」、「ドイツ語を間違えたら恥ずかしい」、「間違ったことを言うのが恥ずかしい」という気持ちでいっぱいでした。基本的な意思疎通ができ、友達と登下校したり放課後に遊んだりと充実した毎日を送っていたものの、「人前で話す」ことに対する恐怖心を乗り越えるには至らなかったのです。

5 自分の居場所を手に入れる

「ギムナジウム※3という、ドイツの素晴らしい教育制度のもとで子どもたちを学ばせたい」という父の強い希望で、小学校を卒業した後、フランクフルトのギムナジウムに進学したのが1986年。しかし、進学当初はまったく馴染めませんでした。なぜなら、友達ができなかったからです。そんな僕が、いかにしてギムナジウムで仲間をつくり、安心して通えるようになったのかを、少し長いですが3つのエピソードとともに紹介しましょう。

※3 ドイツでは、小学校（原則4年）を卒業した後、複数の進学路が開かれており、ギムナジウムはそのうちの1つです。ギムナジウムとは、ドイツにおける中等教育機関。5年生から12年生（高校3年）までの8年制と、13年生（高校4年）までの9年制に大別されます。大学に進学するためには、ギムナジウムの修了証であるアビトゥアを取得する必要があります。ギムナジウムのほか、職業準備を行う教科を中心に学ぶハウプトシューレ（基幹学校）や、さまざまな学校種の要素を併せ持つゲザムトシューレ（総合学校）などがあり、5年生になる子どもたちは、どの道を進むかについて、親とともに決めます。

①きっかけは「鬼ごっこ」

僕が配属されたクラスでは、生徒の大半が同じ小学校の出身者でした。そのため「よそ者」の僕は進学当初、クラスの輪になかなか入れずにいました。

特にグループ活動が多い授業はつらかったことを覚えています。例えば、調理実習。僕が間違った食材を使ってしまい、グループ全体が失敗に終わってしまったことがありました。そんなとき、直接非難されるならまだしも、「ていうか、アイツ誰!?」という視線を投げかけられ、落ち込んだものです。

5年生の当時、編入時に比べてドイツ語力は向上していました。しかし「自ら働きかける」という積極性が依然として欠けていたため、殻を破ることができずにいました。みんなと仲良くしていく自信がなく、ちょっとしたことを理由にすぐに学校を休もうとしたものです。母も心配していたようでした。

自分の居場所が見つからず、ただでさえ精神的に不安定な状況に追い打ちをかけたのが、同級生による差別発言です。彼は何かにつけて「なんだ、このSchiltzauge《シュリッツアウゲ》（意訳：つり目ヤロウ）。腐った魚を食べるしか能がないくせに」といった暴言を、僕に投げつけたのです。

いつまでも僕のことを部外者扱いし、見下すような態度をとる同級生と、殻を破れずにいる自分……。大人になった今、当時のことを振り返ると、ギムナジウムに入学したばかりの頃は、僕を含め、全員が苦労していたのだろうと理解できます。クラスの大半が同じ小学校の出身者だったとはいえ、新たな環境で自分の居場所を確保するのに、みんな一生懸命だったのでしょう。僕を積極的にのけ者にしたかったというよりは、「自分たち」と「自分たち以外」に分けることで、仲間意識を強めたかったのだろうと思います。

そんな環境に転機が訪れたのは6年生のときでした。宿題の内容を確認すべく、休み時間に鬼ごっこをしていたクラスメートに何気なく近づいたところ、なんと、僕に鬼役を振ってきたのです。

おお！　オレもちゃんとカウントされてる！

しかも、いきなり鬼！

今まで勝手に疎外感を抱いていたけれど、もっと自分から積極的に働きかければよいのだと気づいた瞬間でした。その鬼ごっこハプニング以降はクラスの輪にすんなり溶け込むことができ、あっという間に学校生活が楽しくなりました。

子どもの世界は残酷な面もありますが、基本的には単純なので、きっかけさえあればすぐに打ち解けてしまうものです。休み時間の鬼ごっこを通じてクラスのみんなとの友人関係を築き、僕には心を許せる仲間ができました。ギムナジウムで頑張っていく自信を持つことができたのです。

②共同生活がもたらした仲間意識

翌年、僕は7年生になりました。僕が通っていたギムナジウムでは、全クラスがWegscheide《ヴィークシャイデ》という、フランクフルトから車で約1時間離れた小さな町Bad Orbの郊外にある田園寮で1週間の共同生活を送るのが、学校行事の一環となっていました。そこでは、各クラスに1つの宿舎が割り当てられ、基本的にはクラス別に活動します。

午前中は授業。とはいえ、内容は普段とは違って、グループワークなどの遊び的要素が強かったと記憶しています。午後はサッカーのクラス対抗試合や森散策、オリエンテーリングなどの課外活動で、夕食後は、7学年全体でディスコや肝だめしを楽しみました。

7年生の前期は、生徒の間にはまだぎごちなさが残っていました。進級の際にクラス替えがあり、他校からの転入生もいたためです。Wegscheide での共同生活は、そうした僕たちの間にある壁を取り払う、またとない機会でした。

1週間も生活を共にすれば、嫌でもお互いの距離が縮むものです。今まであまり接したことのない生徒を「喋ってみると意外と面白いじゃん」と見直したり、逆に、もともと仲のよかった友達とはケンカしたり、ちょっとした恋愛事も生まれたりして、Wegscheide を通じて、僕たちの間には仲間意識が芽生えました。青春の第一歩を歩み出したといっても過言ではありません。

③プレゼンテーションへの評価が自信に

9年生のときに、化学の授業の一環として、生徒1人ひとりがプレゼンテーションをする機会がありました。何のテーマを選ぶか、それをどのようにプレゼンするかは、生徒の裁量に委ねられています。先生が課した唯一の条件は、「自分が選んだテーマを、あくまで化学的な観点から捉えること」。

僕は「広島・長崎の原爆投下」について発表しました。原爆投下に関する歴史的背景、投下による被害について、客観的なデータを用いながら概説。それから、原爆投下がなぜあれほどの被害を招いたのか、化学の観点から説明するという、2ステップアプローチを採用。当時主流だったオーバーヘッドプロジェクターを駆使しながらの発表となりました。努力が報われ、僕の発表はクラスのみんな、そして先生から好評を得ることができました。

僕の発表が評価を得たのには、発表の内容だけでなく、タイミングも大きく影響していました。9、10年生といえばクラスの結束がもっとも強く、学校生活について余計な不安を抱くことも、失敗を恐れる必要もない時期です。あの頃の僕は「友達」と「そこで過ごした時間」が自分の味方になってくれている、つまり自分には確たる居場所があることを肌で感じていたのでした。

自分を認め、受け入れてくれる仲間の存在は自信につながり、授業に対する姿勢にも良い変化を生み出します。授業で発言する、堂々とプレゼンに臨むなど積極性が増し、それは、僕の学校生活をさらに充実したものにしていきました。

6 再び立ち込める暗雲

友達に恵まれ、充実した学校生活を送ってきた僕ですが、ギムナジウムの高等部に進むと陰りが見えてきました。その背景には、ギムナジウム高等部の仕組みが絡んでいます。

ギムナジウムでは高等部（11～13学年）になると、いわゆるクラスがなくなり、学校側が作ったカリキュラムを基に、生徒が各自の時間割表を組む体制に変わります。例えば、「今期の英語の授業はA先生とB先生が担当し、それぞれのテーマが『人権問題』と『ヘミングウェイ』なので、僕はA先生の『人権問題』を選択しよう」といった感じです。このシステムは、生徒が自身の関心分野を自ら選び、その理解を深めるという意味においては、とても有益なものでした。

しかし、です。これだと今までのクラスがなくなってしまうわけです。5年生から10年生までメンバーチェンジがほとんどなく、団結力がもっとも高まる10年生でクラス解体。

もちろん、それまでクラスが一緒だった友達と学校で顔を合わせば、言葉を交わすこともあります。でも、以前と何かが違います。それは、友達は高等部という未知なる世界で、そう遠くないアビトゥア（ギムナジウム最終学年で受ける卒業試験）に向けて頑張ろうとしているからです。過去の思い出に浸ってばかりではなく、彼らはもう前を向いているのです。

それまでは、居場所があるという安心感から、「多少ドイツ語がおかしくても、心の許せる仲間の前だから、間違って発言しちゃってもいいや」という勇気が持てていました。ところがその仲間がいなくなった途端、僕は心の拠り所を失うと同時に、「自分のドイツ語力に自信がない」というコンプレックスを再び抱くようになり、どんどん引っ込み思案になっていってしまいました。

大半の生徒が中等部から高等部への移行を難なくクリアするだけでなく、高等部を「友人関係をさらに広げる絶好のチャンス」と前向きにとらえたのに対して、完全に乗り遅れてしまった僕。この展開に行き場のない不安を抱いたことを今でも覚えています。

振り返ってみれば、これは僕にとっての暗黒期の始まりでした。この時期のハプニングは、自分のギムナジウム生活はもちろん、その後の人生にも影響を及ぼしたと言っても過言ではありません。

ここで、ギムナジウム高等部での成績評価法について説明しておきましょう。10年生までの成績評価は6段階方式（1＝大変よい、2＝よい、3＝満足、4＝事足りる、5＝欠点が多い、6＝不十分）でした。対して高等部では、15点満点方式になります。学期中の試験の結果や期末の総合成績は、この方式によって決まります。

また、ギムナジウム卒業時において最終成績をつける際は、最終学年で受けるアビトゥアの結果に、高等部での成績が加味されます。つまり、卒業時に優秀な成績を収めるためには、アビトゥアのみならず、高等部に進級したその日から授業で積極的に発言し、筆記試験で高得点を取る必要があるのです。

要するに、高等部は大事な時期だということです。それにもかかわらず、僕の成績は悪くなる一方でした。例えば、数学。中等部での数学の成績は、上の下か、最低でも中の上でした。ところが高等部では常に5点前後を推移、ひどいときは筆記試験で0点を取ったこともありました。

それは、授業内容についていけなかったことが直接的な理由です。ドイツでは、数学の授業においても「議論」が重要なウェイトを占めます。例えば、ある方式について学ぶ際、先生が一方的に方式のロジックを説明し、生徒は丸暗記をするといったことはありません。なぜそのような方式が成り立つのか、みんなで議論することから始めます。

これは一見遠回りにも思えますが、議論を通じて「逆に、どうすればその方式が成り立たないか」についても考察するため、理解がより深まるのです。でも、残念ながら僕の場合は理解が深まることはありませんでした。なぜかというと、議論で交わされる内容を、言語上の理由から理解することができなかったからです。何について議論しているか理解できなければ、議論に参加できるはずがありません。

社会科でドイツの政治について学ぶ際も同様でした。ほかの同級生たちが連邦議会と連邦参議院について議論している中、僕はといえば、そもそも何をテーマに話し合っているのかさえ理解できていませんでした。

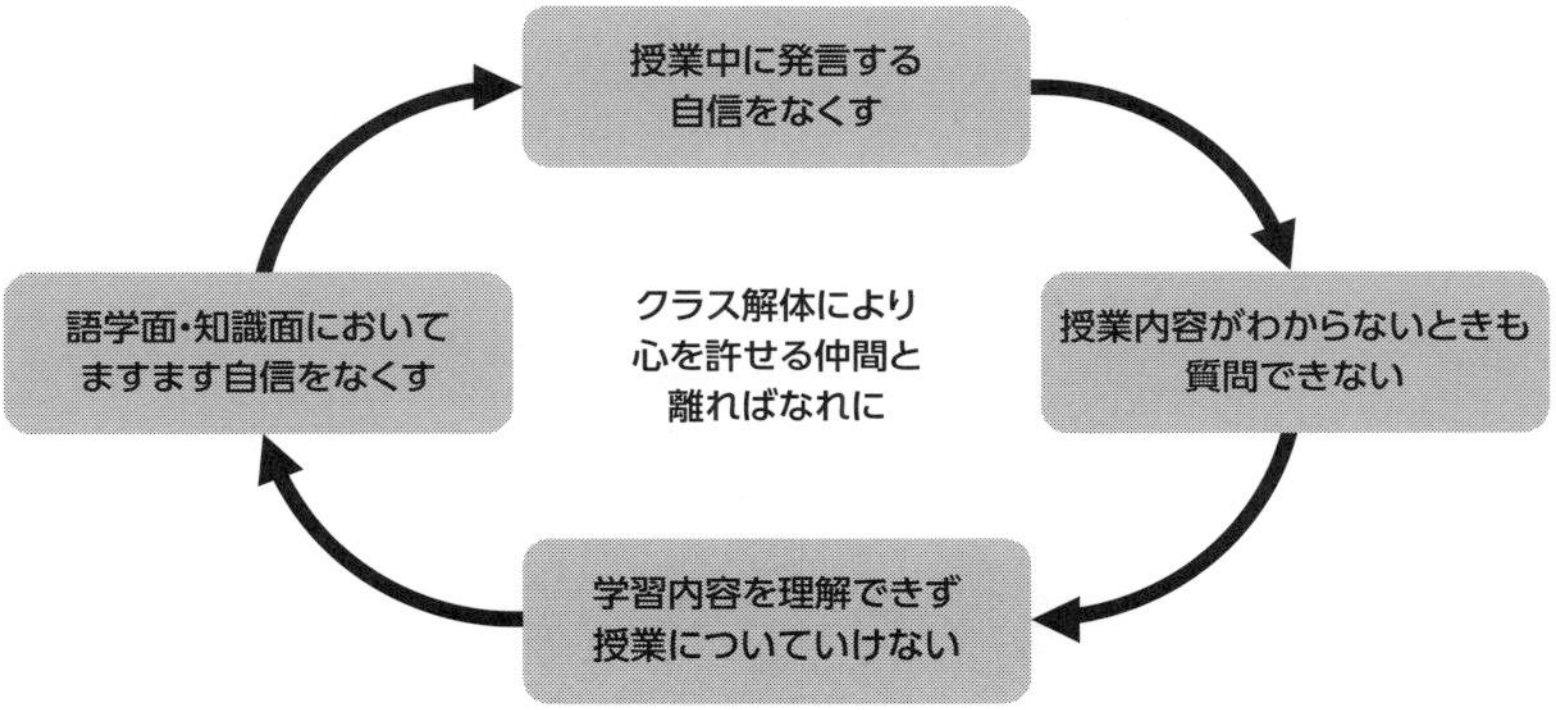

図1-1　クラス解体がきっかけで負の連鎖に

そんな状況ですから、授業中に当てられそうになると、「先生、頼む！　どうか他の生徒を指して！」と、下を向きながら心の中で叫んでいたものです。

どうしてこんなことになってしまったのでしょうか。成績悪化の理由は人それぞれだと思いますが、僕の場合は進級に伴うクラス解体が大きく影響したのは確かです。

先に紹介したエピソードのとおり、僕はギムナジウムで自分の居場所が確保できると心に余裕が生まれ、安心感を抱くようになりました。でも、子ども時代の「自分の居場所」は永遠に保障されているものではなく、脆く、不安定でもあるのです。

クラス解体によって自分の居場所を失った僕は、心の余裕をなくし、不安定な状態に陥ってしまいました。授業中に発言することもできず、わからないことがあっても質問もできない。すると授業についていけなくなり、語学・知識の両面でますます自信喪失するという、完全な負の連鎖に陥ってしまったのです（図1－1）。

「悲劇の主人公になってばかりいないで、打開する方法をもっと模索してもよかったのでは」と、今なら思います。しかし、当時の僕はまだ16～17歳。そんな余裕はなく、ただ不安でいっぱいだったのです。

7 音楽が救ってくれたギムナジウム高等部での生活

学力低下、知識不足、自信喪失……そんな、ギムナジウム高等部での僕を救ってくれたのが、音楽でした。僕は現地校の2年生に編入したと同時にヴァイオリンを習い始めました。ロックに目覚めた中学時代には独学でギターに挑戦。ヴァイオリンをやめた後も続けていたギターは、高校生にもなると、そこそこ弾ける腕前になっていました。それが、僕に大きな転機をもたらします。

日本では1990年代前後にバンドブームが訪れました。同じ頃、僕が通っていたギムナジウムでもバンドを組むことが流行り、多くの生徒がエレキギターを購入しました。そんな中、僕も学園祭で有名なロックバンドの曲を披露。するとみんな、超消極的で影の薄い同級生のギターの腕前に度肝を抜かれたようでした。これがきっかけで、周りの友達からは「影は薄いけど、ギターは上手いヤツ」――こんなふうに認知されるようになってきたのです。

11年生で学校のジャズバンドに入部した僕は、コーラス部とともにミュージカルを上演したり、イギリスやフランスの姉妹校で開催されたコンサートで演奏したりと、毎年何かしらのイベントに参加するようになりました。本番直前の強化合宿では、みんなで朝から晩まで練習に励み、夜はキャンプファイヤーの火を囲みながらビートルズを熱唱したものです。

こうした活動は、成績の評価対象にもなりました。成績表には「Kotaro Nakao はギター演奏を通じて、学校の文化芸術活動の推進に大きく貢献した」などとちゃんと記載されるのです。しかし、何よりも嬉しかったのは、合宿やゲネプロの際に授業を堂々と欠席できたことでしょうか。

また、音楽の授業に限っては、成績が筆記・口頭ともに常に14~15点台、つまりほぼ最高点をキープ。その他の科目の成績が低空飛行を続ける中、音楽が、高等部における僕の総合成績を底上げしてくれました。

音楽に関わっている間は、「ドイツ語に自信がない」という不安を忘れ、自分らしく振る舞うことができました。僕のギムナジウム生活を、音楽が救ってくれたのです。

8 日本の大学を受験する

1995年6月末、蒸し暑い東京に戻ってきました。ギムナジウム高等部でドロップアウトした僕は、軌道修正を図るべく、卒業式の翌日に日本に帰国しました。翌日から予備校がスタートしたので、時差ボケになる暇もありませんでした。

9カ月間にわたる大学受験生活。僕が通った予備校は、国語・小論文・英語(・数学)からなる基礎コースと、各科目に特化した重点コースに分かれていました。少人数制で、基礎コースは10人、重点コースは5人前後だったと記憶しています。生徒のほとんどはアメリカやイギリス、オーストラリアなどの英語圏出身。隣のクラスにはデュッセルドルフからの帰国者がいましたが、インターナショナルスクール出身の方だったので、ドイツの現地校卒業者は自分のみでした。

僕がもっとも苦手とした科目は国語(現代文)でした。過去問にチャレンジしたところ、1回目は100点満点中、55点。復習して取り組んだ2回目も、たった2点アップの57点……。国語の試験では、読解力に関する問題が出題されます。論説文や小説などの物語文を読み、その内容に関する質問に答える形式です。解答するには、前提として問題文を理解する必要がありますが、僕は、問題文を読んでも解答のヒントとなる部分を見つけられなかったのです。

そう、僕は読解力が身についていなかっただけでなく、国語のそもそもの勉強法すら、ちゃんと習得していませんでした。もちろん、ハウツー的なことは予備校で教わりましたが、僕の場合、下地がまったくできていなかったのでしょう。しかし、一夜漬けで身につくようなものではありません。めったに後悔はしない自分ですが、この時ばかりは「もっと前から読書するなりなんなりして備えておけばよかった」と悔やんだのを覚えています。

あたふたしているうちに、あっという間に受験シーズンに突入。ある大学の面接では「あなた、国語の成績が散々だったけれど、大丈夫なの?」と面接官に心配されたほど、国語の試験結果はひどいものでした。でも実際には、ほとんどの試験で第2次選考である面接まで進むことができました。それは、ドイツ語と小論文が国語の結果をカバーしてくれたからです。

もし、国語の試験対策学習をもう一度やり直せるとしたら、一にも二にも、読解力を磨くことに取り組みます。何語でも構わないのでさまざまな書物を読み、登場人物の考えや彼らが置かれている状況を的確に理解し、理解した内容を自分の言葉でしっかりと伝えられるようにする練習を重ねる。それに尽きます。

ドイツ滞在中に、そうした力を培う機会がなかったわけではありません。例えばドイツの学校、特に高等部においては、国語（ドイツ語）の授業で、ある小説を数カ月にわたって分析するという取り組みがよく見られます。生徒たちは授業開始前までに課題図書を読み終えてから、授業に参加しなければなりません。ヘッセの『車輪の下』、フリッシュの『ぼくはシュティラーではない』、ゲーテの『若きウェルテルの悩み』などは、そうした機会がなければ一生触れることはなかったかもしれません。

このように、改めて振り返ると、僕の周りには読解力を鍛えるチャンスがいくつも存在していました。当時から意識して学習に取り組んでいれば、大学入試であんなに苦労することはなかったのでしょうが、それは後の祭りでした。

9

日本での大学生活がスタート

僕はギムナジウム高等部に進級したと同時に学業不振に陥ったので、大学1・2年生のときは「遅れを取り戻す」ことをミッションとしました。具体的には、大学の講義を受けるほか、社会学や国際関係論などの専門書を読みあさり、一般教養を身につけることに集中。読むだけでは内容をすぐに忘れてしまうので、必ずノートにまとめました。この作業を通じて、読んだ内容を自分なりの言葉で再現する能力が飛躍的にアップ。また、まとめたノートは、講義の課題であるレポートを作成する際や、卒論を書く際に大いに役立ちました。

住んでいたアパートから大学まで自転車で15分だったので、毎週日曜日は大学の図書館に通いました。午前中に図書館に行き、集中力が切れるまで読書&ノートまとめ。お腹が空いたら最寄りのコンビニで軽食を買って一息つき、午後からまた勉強。

当時の僕は日本語での環境に慣れ、日本語で知識を吸収することに専念していたため、ドイツ語とは無縁の生活を送っていました。ところが、大学3年次にドイツに興味を持つ仲間との出会いをきっかけに、彼らと週1ペースで学食に集まり、ドイツ語で議論する会を設けるようになりました。また、所属したゼミの教授がヨーロッパの地理が専門であったことから、ヨーロッパやドイツに関する情報に触れる機会が増えたのも、この頃でした。

僕には、ドイツ語に再チャレンジする勇気が湧いていました。ドイツに触れる機会が増えたことも一因ではありますが、大学入学から継続してきた勉強によって、僕は明らかに変わったのです。知識が増えたのはもちろん、語彙が豊富になり、読解力や表現力も飛躍的に向上。自分に挽回する能力が備わっていることを実感すると同時に、「ギムナジウム高等部でスランプ状態に陥る前に、もっとできることがあったのではないか?」と冷静に振り返ることができました。

ドイツ語の維持を再び意識し始めてからは、仲間とドイツ語サークルを結成したほか、ドイツ語で日記を書いたり、ドイツ人教授の研究室に入り浸ったりして、ドイツ語を喋る機会を積極的に増やしていきました。

10 そして今の自分がいる

僕は現在、コンサルティング会社を経営しています。数多くあるコンサルティング業務のうち、僕が従事しているのは「移転価格コンサルティング」です。簡単に説明しましょう。

移転価格コンサルティングとは、グループ企業の間で行われる国際取引（製品の売買やサービスの提供など）において適用される価格、すなわち移転価格の適正性について検証し、アドバイスを提供する仕事です（図1―2）。

例えば、日本にある親会社がドイツにある子会社に製品を販売し、ドイツ子会社はその製品をドイツのお客さんに販売するとします。この場合、日本親会社の販売価格をいくらに設定するかによって、日本とドイツに納めるべき税金の額が変わってきます。

もし、ドイツ子会社が納めるべき税金が低ければ、ドイツの税務当局は、「税

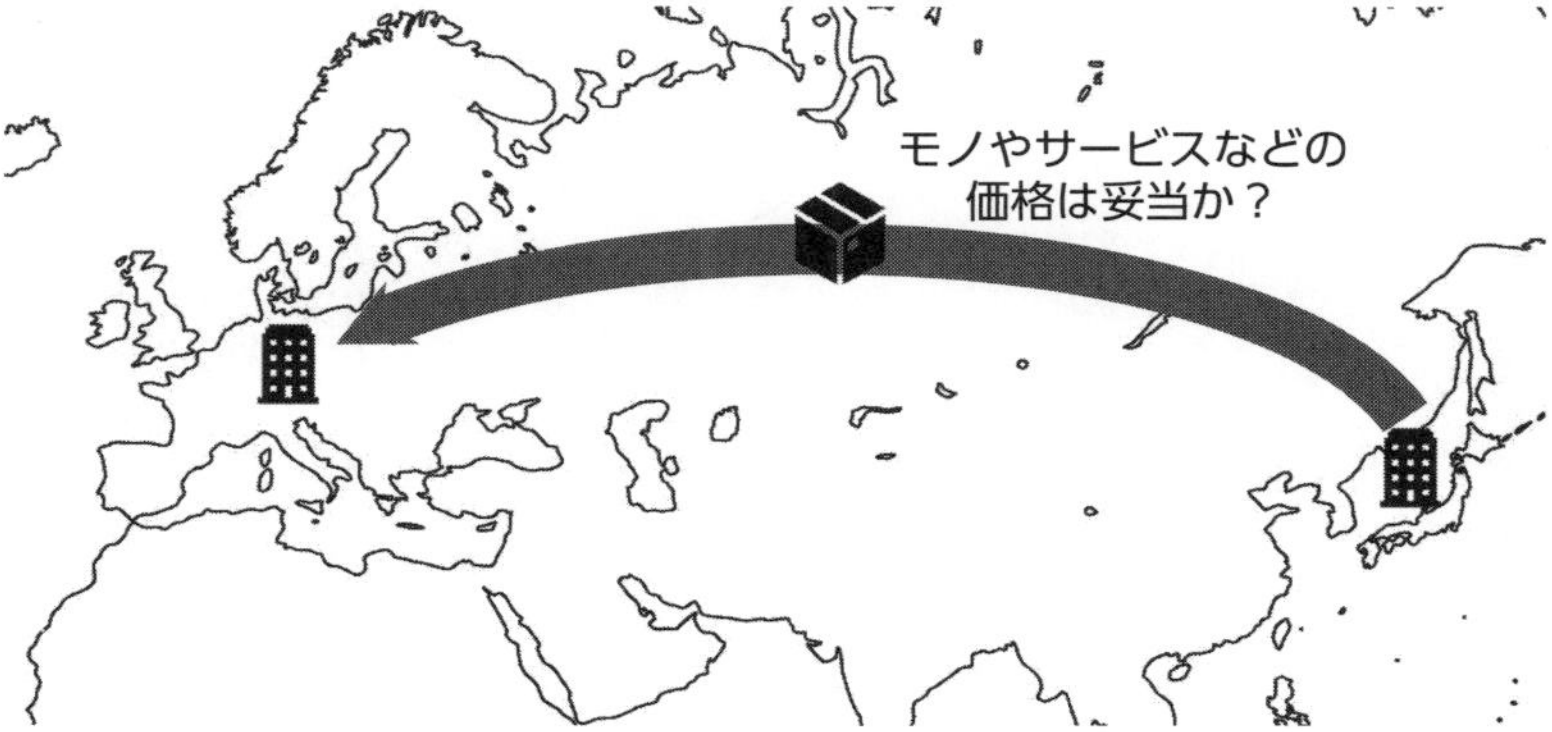

図1-2　移転価格コンサルティング

金が低くなったのは、日本親会社から仕入れている製品の価格が適正ではないからではないか？」と疑問視され、場合によっては納税者に対して「本来払うべき税金をちゃんと払ってくださ い」と命令します。

そこで、僕のような移転価格コンサルタントが、会社が行っている取引の実態を分析し、親子間取引における価格をどのように設定すればよいのか、アドバイスするのです。

僕は長年、大手コンサルティング会社において移転価格コンサルティングに従事してきました。そして２０１９年に独立して自分の会社を立ち上げました。

さて、僕は最初から「大学卒業後は移転価格コンサルタントとして働き、いずれはドイツで独立する」と決めていたのでしょうか？ 答えは「Ｎｏ」です。

大学４年生になると同時に、僕も他の学生と同様に就職活動を開始しました。しかし、将来に対する具体的なビジョンや専門知識がなかった当時の僕。就活支援サイトに登録し、検索でヒットした会社に応募してみるという、あくまで受け身の就活を続けていました。

就活支援サイトには「ドイツ語・英語堪能」と登録したものの、志望先を外資系に絞ることもしていませんでした。そのため、大学卒業後に就職したのは、ごく普通の事業会社でした。そこで配属されたのは、海外とのやり取りが多い部署。海外子会社の依頼に基づいて日本の市場動向調査を実施し、その結果を英語で報告するといった仕事をこなしたのを覚えています。このような状況に置かれて初めて、「外国語を身につけていると、こういう仕事があるんだ」と、気づいたのでした。

人脈の重要性を学んだのも、その頃です。仕事の一環でいろいろな異業種交流会に出席したり、多くの方々と接したりしながら、自分の社会人としてのコミュニケーション能力を磨いていきました。その流れで、都内のドイツ人ネットワークとの関係を構築していったことが、社会人としての自分がドイツを再認識するきっかけとなりました。そして、「仕事する上で、自分がドイツで生まれ育ったという事実をもっと前面に出してもいいのかもしれない」と思うに至ったのです。

コンサルタントという仕事を初めて意識したのは、大学卒業後に入社した会社を退職する頃。転職活動を進める中で、「問題や悩みを抱えている企業に解決策を提示する」というコンサルタントの仕事内容に魅力を感じたのがきっかけです。

しかし、例えば、医師にも外科や内科、小児科、耳鼻咽喉科など専門領域によって分けられるように、コンサルタントにもいろいろな種類があります。当時の僕は、コンサルタントへの憧れはあっても、「どのようなコンサルタントになりたいのか」という具体的なイメージを抱いていませんでした。ただ、移転価格が企業の国際取引に関係したテーマであることから、「移転価格コンサルタントになれば、いずれはドイツに関わる案件を任せてもらえるかもしれない」という、漠然とした期待があったのは確かです。こうして僕は、移転価格コンサルタントのキャリアをスタートさせたのでした。

ドイツで生まれ、幼少期に日本へ帰国。数年後に再びドイツへ渡り、高校卒業と同時に本帰国。そして、社会人として再度ドイツへ。日独の間で中途半端な存在になってしまっている自分に気づいた高校時代に、僕は日本語を自分の軸とすることで再スタートを切りました。今、僕は再びドイツに住んでいます。しかし、これは昔から計画してきたことの結果ではないことをご理解いただけたと思います。自然の成り行きに身を任せ、その結果、今いる場所にたどり着いたのです。

第2章 言語を身につける

1 言語習得の意義

本章では、言語習得の意義や、学ぶにあたっての大事なポイントなどについて、僕の経験を踏まえながら考えていきます。最初に確認しておきたいのは、「なぜ子どもは言葉を学ぶのか」と、「どのようにすれば、身につけられるのか」という点です。

海外帰国子女の場合、「母国語」と「現地の言語」の2つを同時並行で身につけるケースが多いことでしょう。でも、どちらの言語も同じように身につけていくのは難しく、得意不得意が生じることもあるかもしれません。もしくは、両方とも中途半端な「セミリンガル」になってしまう可能性も否定できません。

ドイツにおいて子どもが「現地校＋補習校」のダブルスクール生活を送っている場合、現地校に通っている日数は1年の約52％を占めることが、僕が調べた結果、わかりました。それに対して、補習校は約11％でした。つまり、ドイツで暮らす以上、子どもたちは1年の半分以上を現地校で過ごすことになります。毎日を楽しく過ごすためには、いかに現地校での学校生活を充実させるかが決め手です。

「学校は学修だけでなく、豊かな人間性を育む場でもある」とすれば、学校生活において、友達は重要な存在です。自分自身を振り返っても、「成績がどうだったか」よりも「イベントの成功に向けて仲間とともに頑張った」や、「ケンカしたことで、相手とかえって距離が縮んだ」といった経験の方が、かけがえのない思い出として残っています。

友達と友情を育み、豊かな関係性を築くうえで欠かせないのが、言語によるコミュニケーションです。現地校の友達と意思疎通を図るには、現地の言語を使わなければなりません。

特に子どもの場合は、言語を覚えたから学校での勉強についていけるようになったり、友達ができたりするのではなく、学校の勉強についていきたいから、友達と一緒に遊びたいから、言語を学ぶのではないでしょうか。

さらに言えば、「言語を学ぶ」というよりも、友達との関わりの中でコミュニケーション手段としての言語の必要性を感じ、身につけていくのだと、僕は考えます。

では、どうしたらうまく身につけられるのでしょうか。もちろん、机に向かって文法などを勉強することも大事でしょう。でも、それだけでは語学習得が目的化してしまいかねません。

そして、どんなに学びの環境が整っていたとしても、学習者本人がやる気を見せない限りは、語学力が伸びることはありませんが、いつ、どんなきっかけで学習意欲に火が付くのかは、人それぞれです。

さらに、僕の過去を振り返ることで見えてきたものは、「自分を受け入れてくれる場所がある」という安心感が言語習得における重要な要素であり、居場所があるからこそ、人は言語を手段として習得するのだ、ということです。

では、次節より僕がドイツ語をマスターするまでの紆余曲折を、具体的なエピソードを交えながら、紹介していきましょう。

2 目的としての言語と手段としての言語

子どもは友達とのコミュニケーション手段として言語を学んでいると、先に述べました。では、言語を「手段」として学ぶことと「目的」として学ぶことでは、どのような違いがあるのでしょうか。

僕はドイツに来て間もなく、ヴァイオリンを習い始めました。そこには「ヴァイオリンが弾けるようになる」というゴールが設定されており、そのゴールを目指すべく、先生は僕にドイツ語で手ほどきをします。例によって先生が話す内容を、僕は完全には理解できません。でも、ゴールが設定されているため、先生の言っていることは何となく想像できるのです。

「よくわかんないけど『中指ではなくて薬指を使え』と言っているようだな」とか、「要するに、『そこはまずは静かに弾いて、徐々に音量を上げていけ』ということだな」というように。ここでは「ヴァイオリンを弾く」という目的があり、それを達成するための手段として、ドイツ語を活用していました。

さて、それから10数年後。大学生になった僕は、フランス語検定2級を目指して勉強したことがあります。努力は報われ、無事に合格することはできたのですが、「合格する」という目的が達成された後、必死に覚えたフランス語のことは忘れてしまいました。覚えているのは、初歩的な挨拶だけ。

おわかりいただけたでしょうか。ヴァイオリンのケースは、手段としての言語習得。そして、フランス語のケースは、目的としての言語習得の例です。

手段として言語を習得する場合、目的の追求をやめない限り、学習は継続されます。ヴァイオリンの腕を磨こうとする限り、友人関係をずっと大事にしようと思う限り、言語学習は続きます。目的と関連づけて言語も習得するため、イメージがわきやすく、覚えやすいというメリットも挙げられますね。

一方、目的として言語を習得する場合は、その目的が達成された時点で学習は終わってしまいます。しかも、僕のフランス語検定のように言語の習得自体が目的化しているときは、言語以外のものに関連づけて学ぶことができません。それでは言語をひたすら暗記するしかなく、暗記した内容は時間の経過とともに忘れてしまいがちです。

ドイツで過ごした少年時代の僕は、今思えば、さまざまな目的に引っ張られるような形でドイツ語を習得していきました。当時の僕の中では恐らく、「細かいことはさておき、言語を、自分が置かれた状況と照らし合わせながら認識し、把握できた部分と部分をつなげながら全体像を理解していく」というプロセスが展開されていたのでしょう。

海外で活躍するスポーツ選手やアーティストが、現地の言葉でインタビューに応じている光景をテレビなどで見かけることがあります。僕はその都度、「すごいなあ」と感心します。彼らも、もしかしたらスポーツや音楽という目的を達成するための手段として、言語を身につけたのかもしれませんね。

3 具体的にはどのように？

さて、海外に暮らす子どもたちは、今この瞬間にも言語の壁を乗り越えようと奮闘しています。友達や先生と意思疎通を図り、現地校と補習校の勉強を両立させるには、具体的にどうすればよいのでしょうか。唯一の答えなど存在しない問いではありますが、ここでは僕自身が実践した方法を紹介したいと思います。

①現地の言葉は現地の人から

差別的な発言をするつもりは毛頭ありませんが、現地の言葉を習得または向上させるのであれば、現地の家庭教師に依頼をしましょう。いくらネイティブレベルのドイツ語を話すとはいえ、日本人に依頼してしまうと、「いざとなれば日本語に逃げられる」という甘えが生じてしまうからです。また、説明が難しい文法などを日本語混じりで教わってしまうと、「ドイツ語を日本語経由で理解する」

という余計なステップを踏むこととなり、混乱を招きかねません。

②単語を覚える

どんなに喉が渇いていても、「水」という単語を知らなければ、飲み物を得ることはできません。正しさにこだわりすぎる必要はありません。「私は水が飲みたい」と言いたい場合、「Ich《イヒ》 möchte《メヒテ》 Wasser《ヴァッサー》 trinken《トリンケン》」が正しい表現ですが、「Ich trinken Wasser」（私　飲む　水）」でも伝わります。まずは単語、文法はその次です。

③羞恥心を乗り越える

僕は恥ずかしがり屋なため、ドイツ語はもちろん、日本語であっても人前で話すのが苦手でした。そんな僕を救ってくれたのは、友達の存在です。同級生と登下校したり、放課後に遊んだりすることを通じて、文法的に完璧なドイツ語を話すよりも、自分の気持ちを伝えるほうが大切であることを学びました。いきなり複数人のグループに入ろうとするのではなく、まずは1人とマンツーマンな関係を築くことが、シャイな僕にとっては大きな一歩となりました。

④補習校では子どもの気持ちを優先

限られた時間の中で1年分の学習内容を学ぶ補習校。それを可能とするには、教員と生徒のみならず、親の協力が不可欠です。でも、度が過ぎると逆効果。

「作文」を例に考えてみましょう。子どもが書いた作文を、先生に提出する前に親がレビューすること自体は悪いことではありません。しかし、原型をとどめないほど修正し、最終的に書いたのは子どもなのか親なのかわからなくなるようなケースも、よく見られます。こうしたことが続くと、子どもも「どうせ書いても、親が直すことだし」と、手を抜くようになってしまいます。

ここに挙げた4つの方法は、あくまで僕の経験に基づいたものです。すべての子どもに適用できるものではありませんので、あらかじめご理解ください。場合によっては、僕とは真逆の方法を選ぶ方が効果がみられるかもしれません。たくさんある方法のうちの1つとして参考になれば幸いです。

4 手ごわい文法

ドイツ語を使いこなせるようになってきても、ドイツ語独自の文法には悩まされたものです。まるで、1つの壁を乗り越えるとさらに高い壁が目の前にそびえ立っているかのようでした。

とりわけ苦手だったのが、定冠詞です。ドイツには男性名詞のder《デア》、女性名詞のdie《ディー》、中性名詞のdas《ダス》という3つの定冠詞があります。それが状況に応じてややこしく変形するのです。

外来語などに関しては一定のルールがあります。例えば、「~ion」で終わる単語（Information, Addition など）はすべて女性名詞です。しかし、それ以外の単語については、誰に聞いても「これはフィーリングなんだ。覚えるしかない」という、納得のいかない返事が返ってくるばかり。

Mann《マン》（男性）がderなのはわかるけど、なんでZug《ツーク》（列車）もderなの？だって、男性も女性も電車に乗るじゃん！ Mädchen《メートヒェン》（女の子）はどう考えても女性なのに、なんでdasなの？ ナゾは深まる一方です。

そんな僕に名案が浮かびます。そうだ、すべての名詞を複数形にしてしまえばいいんだ！

ドイツ語の場合、複数形の定冠詞はdieのみ。なので、いつも定冠詞dieを用いて、あとは各名詞の変化形を覚えるだけという作戦です。「これは使えるぞ！」と、自分の思いつきにガッツポーズを取りました。

なんでも複数形にしてしまうという変な習慣を身につけ、これで文法の難所はクリアしたと思っていましたが、残念ながら、この作戦はあっけなく終わりを迎えます。僕がほぼすべての名詞を複数形にしていることに気づいた友達が、「コータローはder・die・dasができないから、なんでも複数形で言うんだろ」と、からかい始めたのです。名案だと思ったのに、早くもバレてしまった！

今でも「これ、dieだっけ、それともdasだっけ？」と、迷うことがあります。ドイツ語の定冠詞、本当にフィーリングなのかもしれません。

定冠詞もさることながら、語彙不足が原因で苦労したことは、数えきれないほどありました。例えば、ドイツ語の授業でのこと。ある物語を読んだ際に、先生が僕に「Welche Eigenschaften hat der Hauptdarsteller?《ヴェルヒェ アイゲンシャフテン ハット デア ハウプトダーシュテラー》」と尋ねました。これは「主人公はどのような特徴をもっていますか?」という質問なのですが、僕は「Eigenschaften」という単語を知らず、質問の意味がわかりませんでした。「聞くは一時の恥、聞かぬは一生の恥」とはいうものの、当時の僕にはクラスの前で「先生、『Eigenschaften』って何ですか?」と聞く勇気はなく、先生が違う生徒をあてるまで耐えるのに精一杯だったのでした。

一方、嬉しいハプニングもありました。外国人がドイツ語を学ぶと、ドイツ人よりもきれいな文字を書くケースがあるのです。

ドイツの学校では、ドイツ語などの授業で用いるノートが学年によって違います。2年生までは補助線が4本入ったノートを使い、生徒は文字が罫線からはみ出ないように書く練習を繰り返します。3年生になると、補助線は2本に。そして4年生になると、罫線が1本のみの、いわゆる普通のノートを使うようになります(図2-1)。

つまり、ドイツの場合、筆記体の基本が叩き込まれるのは2、3年生のときま

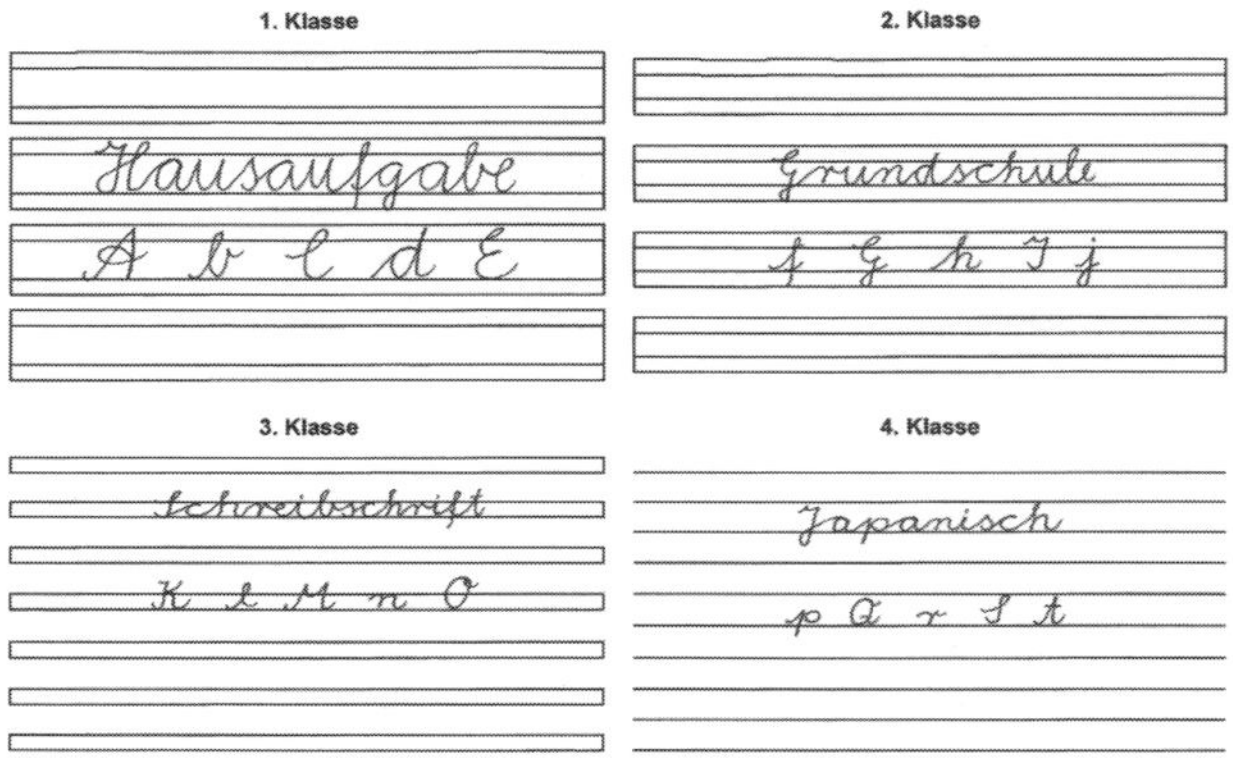

図2-1　学年が上がるにつれてノートの補助線は少なくなる

で。それ以降は「これまでに培ってきたノウハウと、自分のフィーリングを信じて頑張って」と言わんばかりに野放しにされます。

筆記体のデフォルメは、早い場合は4年生から始まります。書き順も人それぞれ。思春期を迎えると、自分らしい筆記体を追求する動きが加速。それはまるで、杓子定規な考えに反抗するかのよう。その結果、生徒の数だけ個性的な筆記体が誕生するのです。

一方、ドイツ語をあくまで外国語として学ぶ外国人は、筆記体が比較的きれいだといわれます。なぜならば、彼らはドイツ語を学ぶ際、文法だけでなく、形としての筆記体も覚えるからです。また、母国語にアルファベットが用いられない場合、アルファベットに先入観がないため、ドイツ語がよりきれいに書ける傾向があるようです。僕自身、筆記体については先生から常に褒められていたという嬉しい思い出があります。

言語を習得するときは、苦手分野もあれば、得意分野もあるものです。僕の場合は発言が苦手でしたが、筆記体が得意だったことに救われました。足りない部分は得意な何かで補えるといいですね。

ちなみに僕の場合、最初に身につけた言語が日本語だったため、頭の中では完全に日本語が基準になっていました。そのため、現地校に通い始めた頃は「聞いたドイツ語をいちいち日本語に置き換えて初めて理解する」という傾向がありました。例えば、「『Lineal《リネアール》』は『定規』のことか」という具合に。

しかし、ドイツ語に慣れるにつれて、いちいち日本語に置き換える必要性は減っていきました。小学4年生の頃には、ドイツ語をドイツ語として習得する術が身についたのです。

5 Deutschland で japanisch を lernen する

Deutschland《ドイチュランド》（ドイツ）で japanisch《ヤパーニッシュ》（日本語）を lernen《レアネン》（学ぶ）する——海外に住んでいる場合、子どもの言語が混合するのはよくあることです。かくいう僕も、とりわけ補習校では「昨日テレビでやってた Sendung《ゼンドゥング》（番組）、面白かったけど、あれって先週やったやつの Wiederholung《ヴィーダーホールング》（再放送）だったよね？」といった会話を、友達と当たり前のように繰り広げていました。

このような状況を否定的に見なす方もいらっしゃいます。僕はそうした方々のご意見を尊重します。現に、僕と同じようにドイツ生活が長い日本人の方からは、「うちでは私がドイツ語と日本語を混合すると、その都度日本語に直されたが、そのおかげでしっかりとした日本語が身についた」とおっしゃっていました。

一方で、「どこまでがよくて、どこからがダメ」という境界線を引くかについての答えは、この問題に悩む家族の数と同じくらいあるのだとも思っています。

言語の混合は頭の痛い問題ではありますが、個人的には、子どもの発言をその都度直すことよりも、子どもの「何かを伝えたい」という意思を尊重した方がよいと考えています。子どもは子どもながらに、自分の知っている言葉を駆使して何かを一生懸命に伝えようとしているからです。

言語の混合ばかりに目が向き、いちいち発言を修正させていては、子どもは自己表現することに対する意欲をなくしてしまうかもしれません。それでは、かえって言語力が低下するという、本末転倒な結果を招きかねません。

僕も子どもの頃は混合語を使っていましたが、現在は2つの言語を自然と使い分けています。つまり、言語が混合してしまうのは、子どもの成長における通過点にすぎないとも考えられるのです。親に求められるのは、目先のミスばかりを気にする短期的な目線ではなく、長期的な目線で子どもの言語習得をサポートしようというマインドではないでしょうか。

また、「目先のミスばかりを気にして、都度修正させる」というのは、言語習得の目的化につながるおそれもあると、僕は危惧しています。子どもがミスをするたびに修正するというのは、「完璧な言語」を求めるということです。でも、何をもって「完璧な言語力を身につけた」といえるのでしょうか。

そもそも言語というものは、一生かけて習得するものです。もし親が子どもの語学力を不安視しているとしたら、その背景には、「言語習得期間＝幼少期のみ」という思い込みから、「完璧な語学力」を子どもに身につけさせようとする焦燥感があるのかもしれません。

言語を習得するのは、楽器の練習と似ています。例えば、ギター。世の中のギタリストは、「ギターを弾くこと」それ自体ではなく、「ギターを弾くことを通じて自己表現する」ために演奏しているはずです。

また、ギタリストと一口にいっても、ジャズギタリストもいればロックギタリストもいますよね。異なるジャンルで活躍するギタリストを比較して、「客観的に見て、彼こそ世界一完璧なギタリストだ」など断言することは不可能だし、無意味だと思いませんか？

僕は、言語を使う人と人の関係をいかに築いていくかが重要だと考えています。どれだけ完璧に使いこなせるかどうかにこだわりすぎる必要はありません。子どもの性格（内向的か外向的かなど）や、状況（どの言語にどの程度接しているかなど）を考慮しながら、「言語を使って相手とどんな関係を築きたいか」を大切にするのです。

あるコンテクストの中で言語を習得する、すなわち「手段としての言語習得」を通じて、僕は友達に囲まれ、たくさんの「ちょっとした間違い」を繰り返しながらドイツ語を身につけてきました。そして、大人になった今も、言語習得を続けています。それが、仕事やプライベートなどさまざまな面でのチャンスにつながったのだと、僕は実感しています。

6 やる気スイッチがONになる

子どもが言語を習得するための大きな動機は友人関係にありますが、もう1つの切り口は、「気づき」ではないでしょうか。「気づき」は、「やる気スイッチ」と呼ぶこともできます。人間、一度スイッチが入れば、意外とどんなことでも自主的に取り組むものです。

僕は週に1回（中学生になってからは週2回）、補習授業校に通っていました。ギムナジウム高等部と同様、そこでの成績も決して良いものではありませんでした。「勉強ができない」というよりは、「勉強をしない」というべきでしょうか。特に中学時代は勉強をする気が起きず、努力を怠っていました。「最低限これだけやっておけば留年しない」というギリギリのラインを推移していました。

百人一首大会では、僕が一首も覚えないものだから、同級生からは「中尾と組むと負ける」とされ、誰も僕とは組みたがりません。また、漢字テストでは、毎週のように予習してこない僕にウンザリした先生が、「君、どうせ漢字練習してないんでしょ？　じゃあ、答案用紙はいちいち出さなくてもいいよ。採点する時間がもったいないから」と、みんなの前で言い捨てたのを今でも覚えています。

そうした中、毎年恒例の読書月間が始まりました。僕が中学2年生の時です。提出期限ぎりぎりになっても、僕は1冊も読んでいませんでした。どうしよう、面倒くさいなあ……。そこで僕は、投げやりな気持ちで、「ドラえもん」についての感想文を書き、提出するという大胆な行動に出ました。すると、なんということでしょう。その感想文が優秀賞で表彰されてしまったのです！

表彰式で、体育館に集まった全生徒を前に、校長先生が「優秀賞 中学2年 中尾弘太郎『ドラえもんを読んで』」と発表した際の笑いとどよめきは、それはもう凄まじいものでした。教室に戻ってからは、同級生の「お前、マジかよ」と言わんばかりの視線が突き刺さります。担任は褒めてくれたものの、「これが最初で最後だろう」と冷ややかでしたが。

この体験を武勇伝として語りたいわけではありません。僕はこの体験がきっかけで、自分の中のやる気スイッチが入ったのです。自信がつき、自分は文章を通じて人々に語りかけるのが好きだということに気づきました。それは、今の仕事(コンサルティング業務)にも活かされています。やる気スイッチのきっかけは、どこに転がっているか、わからないものですね。

「ドラえもん事件」でスイッチが入り、日本語を習得することについては前向きになりました。読書に目覚めたのもその頃です。まずはマーク・トウェインの名作『トム・ソーヤーの冒険』から入り、「あ、このシーン! 昔テレビで見たアニメ版にもあった! 本だとこんなふうに描かれているんだ」と、活字の面白さを実感。その後は、「もう中3だし、基本ぐらいは押さえておきたい」と、夏目漱石の作品にチャレンジ。

そして、読書への関心を不動のものとしたのが、太平洋戦争真っただ中の昭和時代に、九州は福岡県に生を受けた伊吹信介の波乱に満ちた人生を描いた五木寛之の名作『青春の門』でした。幼年期を炭鉱の町で過ごした後、人生の目的を見つけるために上京し、早稲田大学に入学。しかし、優柔不断な性格であるが故に、常に心に迷いを抱いたまま流れに身を任せている主人公・信介。彼の「どうすればいいかわからない」という心境が、中学時代の僕のそれと重なり、まるで鏡に映った自分を見ているかのような錯覚に陥ったのを覚えています。

それからは単なる読書目的だけでなく、学習目的としても小説と触れ合っていきました。例えば、井伏鱒二の『黒い雨』を読んだときは、わからない単語をマーカーで引き、読み終えた後に線引きした単語の意味とそのドイツ語訳を調べ、ノートにまとめました。こうして活字に触れることの面白さに気づいたあたりから、「日本語向上・維持は、自分の力で何とかやっていける」という希望を持つようになりました。

当時は、有志による補習校の高等部が週に1回開かれていましたが、「自分の力でやっていける」と確信したところで、補習校を辞めることを決意しました。今思えば、僕の場合、「自ら勉強する」という自発性が、自分の日本語力を向上させる上で必要だったのだと思います。

7 日記の効果

僕は高校時代から今に至るまで、日記をつけることを習慣にしています。これはまさに、「自らやる」という自発性が僕を動かしました。映画『ダンス・ウィズ・ウルブズ』で、主演のケビン・コスナー扮するダンバー中尉は、開拓前のアメリカ西部での任務中に、日々の出来事を日記に記録します。このシーンを見た高校生の僕は、「よし、オレも！」と思い立ったのです。

僕の場合、日記（文章）を書くという作業は、想像力（文章の全体像を思い描く能力）と創造力（思い描いたストーリーを文字によって再現する能力）を育むことにつながっています。事実、書くことで得られるメリットは、脳科学的にも実証されているそうです。人間は考えるときに右脳、そして書くときは左脳を働かせます。さらに、手を動かすことで触覚を使います。つまり、「書く」ことを通じて、脳全体をバランスよく刺激することができるのです。

コンサルタントの僕は、クライアントへのメールや役所に提出する書類など、仕事で実に多くの文章を書きます。一見単純な作業に思えますが、これがなかなか難しく、全体像は思い描けてもうまく書き表せないことがよくあります。「このように書くと、クライアントはどう思うだろうか」、「役所が知りたい情報は、この文章で得られるか」などと想像しながら文章にまとめるにあたり、日記をつけるという作業が効果を発揮しています。

さすがに日記ともなると、「よほど強い意志がない限りは長続きしない」と思われる方も多いでしょう。そこに異論はありませんが、これまで何年も日記をつけ続けてきた僕の意見としては、「強い意志」とは先天的なものでもなければ、周囲から強制されるものでもありません。「何かにチャレンジしてみよう」という気持ちが、強い意志へとつながっていくのです。

人生とは面白いもので、ふとしたきっかけが「自分にもできるかもしれない」と思わせてくれることがあります。そのような気持ちを抱きさえすれば、目の前には楽観的なレールが敷かれ、連鎖反応的に色々とチャレンジしてみたくなるものです。日記もそうだし、言語習得も例外ではありません。

8

居場所があれば失敗を恐れない

ここまで、言語の習得に必要なものは「目的」と「本人のやる気」だと述べました。でも、いくら目的が明確で、本人のやる気があったとしても、学ぶ環境が整っていなければ、効果は望めません。ここでいう「学ぶ環境」とは、良い家庭教師をつけたり、学習に適した設備を用意したりすることではなく、本人が安心し、失敗を恐れず挑戦できる「居場所」のことです。

第1章で述べたように、ギムナジウムで仲間を得て、クラスの中に自分の居場所ができた僕は、安心感を手に入れました。心を許せる仲間たちとドイツ語で意思疎通しているうちに、「話す」という行為にも慣れ、細かいミスなどは気にならなくなり、「ちょっとぐらい間違えても大丈夫」という度胸を持てるようになりました。つまり、失敗を恐れなくなったのです。自分の伝えたいことが伝わるならば、少しくらい文法的に間違えていても大丈夫、という心の余裕が僕の中に生まれたおかげで、ドイツ語を学ぶプロセスが加速されたのです。

ここで、10歳の男の子の話を紹介したいと思います。先日のニュース番組※4で、2022年3月にウクライナから日本に避難し、千葉県の小学校に通い始めたジェーニャ君が紹介されていました。日本語がまったくわからないまま転入したジェーニャ君にとっての1番の気がかりは、言葉の壁です。授業についていけず、最初の頃は椅子に腰かけているだけ。ノートも真っ白でした。

右も左もわからない状況の中、「みんなに追いつきたい、みんなと仲良くなりたい」という一心で、自ら行動を起こすジェーニャ君。彼はスマホの翻訳機能を使って、「次の授業のために、どんな教科書を用意する必要がありますか？」とクラスメートに問いかけます。すると、「次の授業は社会！ジェーニャ、社会の教科書はこれだよ！」と、みんなが一斉に救いの手を差し伸べたのです。

また、ジェーニャ君が「お弁当係」になると、クラスメートの発案で、「お弁当係」はウクライナ語で「昼食」を意味する「オビドゥ係」に変更されることに。

「クラスメートと仲良くしたいから日本語を学びたい」と、笑顔で語るジェー

※4　2022年5月1日に放映されたNHK『おはよう日本』より

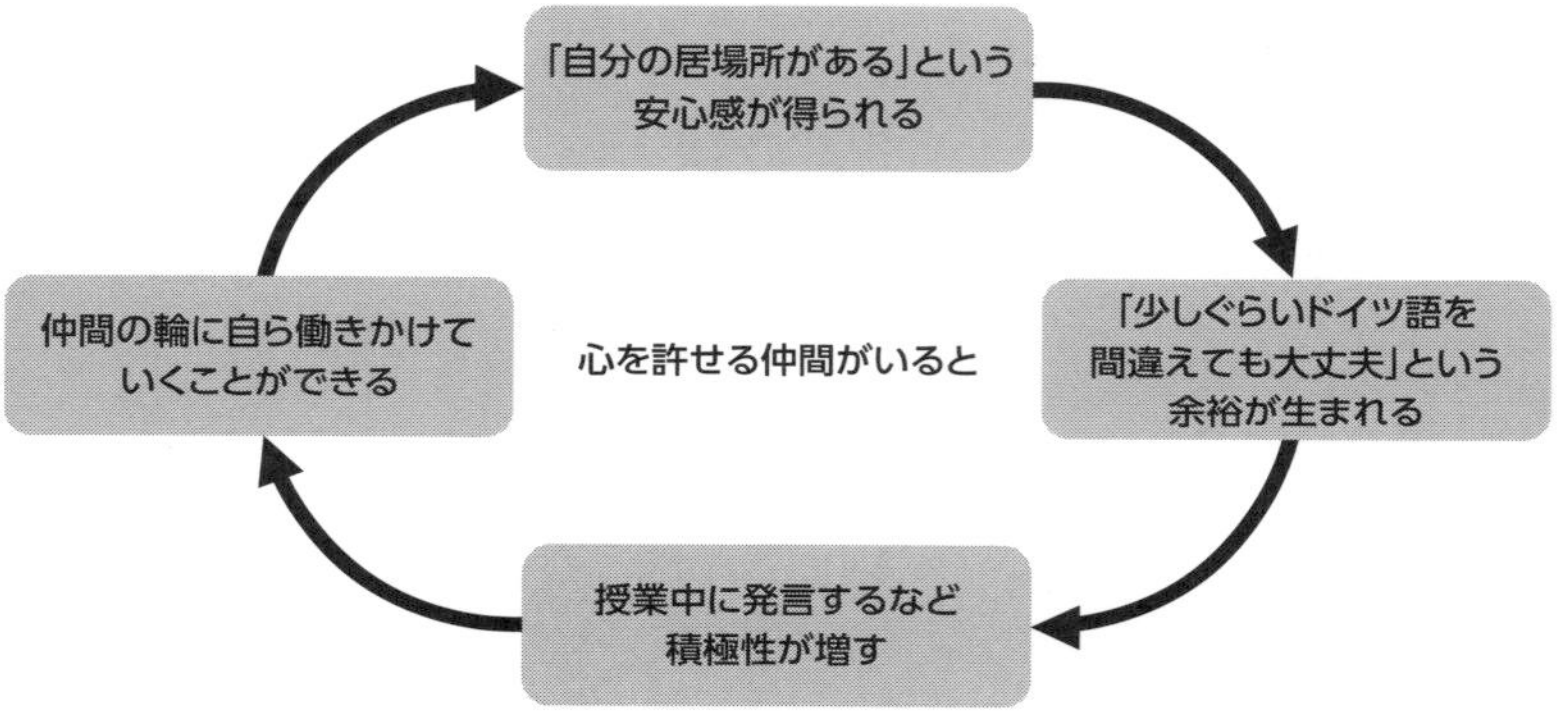

図2-2　友達が「居場所」を提供してくれる

ニャ君。想像を絶するつらい体験を乗り越え、「言葉」という手段を通じて新しい仲間と接しようとする前向きな姿勢に、僕は敬意を表さずにはいられませんでした。

仲間の存在が、「自分には居場所がある」という安心感を与えてくれます。すると、心に余裕が生まれ、間違えを恐れず挑戦する積極性が身につきます。そして、ジェーニャ君のように自ら働きかけて仲間の輪に加われるようになり、そうした行動が仲間との絆を深め、より居場所を確固たるものにすることでしょう（図2－2）。

9 どっちつかずのセミリンガル

「バイリンガルとひとくちに言っても、両方のことばが強くなる場合と、弱くなる場合があります。最近は両方のことばが学年相当のレベルより低くなることをセミリンガルと呼びます※5」——この話を聞いたとき、僕はドキッとしました。なぜかというと、それはギムナジウム時代の僕がまさに直面していた悩みだったからです。

小学校を卒業した僕は、ギムナジウムに入学。その頃にはドイツでの生活に慣れ、ドイツ語をいちいち日本語に置き換えなくとも理解できるようになっていました。さらに、6、7年生頃になると友人関係が安定し、ギムナジウム生活も安心して過ごせるようになりました。

すると余裕が生まれたのか、新たな不安を抱くようになります。それは、「自

※5 『言葉と教育』中島和子（1998）公益財団法人海外子女教育復興財団 p.36

分がギムナジウムで学んだことを、日本語で説明できるか。日本語でちゃんと説明できて初めて、『自分は理解した』と言えるのではないか」というものです。極端な話、「今、急に日本への本帰国が決まり、日本の学校に編入することになった場合、日本での授業に難なくついていけるだろうか」と不安になったのです。

僕自身は、自分のベースはあくまで日本語だと考えていました。最初に覚えた言語が日本語であり、日本語を喋っているときが最も自分らしいと自覚していたからです。しかし、肝心な日本語が満足に習得できていないというジレンマが、不安を引き起こしていました。

特に、社会科や物理学など、あまり日常的に使わない単語が多い教科が心配でした。とはいえ、当時はまだ日本から教科書を簡単に取り寄せられるような環境ではありません。そこで僕は、「授業で学んだことを自分で和訳してみよう」と試みました。

それは、7年生の時のこと。生物の授業で心臓の仕組みについて学んだ僕は、家に帰ってさっそくノートの内容の和訳に取りかかりました。当時はインターネットを使った翻訳ツールなど、もちろんありません。頼りになるのは普通の独和辞典のみ。例えば「Rechter《レヒター》 Vorhof《フォアホーフ》」は「右心房」を意味する単語ですが、普通の独和辞典だけで正しい訳にたどり着くのは至難の業。恐らく、「rechts（=右）・vor（=前）・Hof（=宮廷）」と訳すのが精一杯で、「右前宮殿とは……?」と、頭に大きなクエスチョンマークが浮かぶに違いありません。

結局、和訳作業は続ければ続けるほど自信を失いそうだったので、途中で諦めることにしました。今となっては、心臓の仕組みなんて、日本語でもドイツ語でも説明できませんが、当時は不安感だけが心に重く残ってしまったのです。

小学3年生で来独して以来、日本語を学習するのは、週1ペースで開催される補習授業校での授業のみ。日本語習得のペースは、日本に住んでいたときより明らかに落ちていました。ドイツ語で読んだ本の感想を日本語でうまく述べられないときなどに、「オレ、日本人なのに大丈夫かなあ」と、焦燥感にかられました。自分のベースは日本語であるはずなのに、自分の思うように日本語でのコミュニケーションが成り立たない——当時の僕は、まさに「どっちつかずのセミリンガル」の有力候補であったといえるでしょう。

ただ、「どっちつかずのセミリンガル」についての悩みは、年を重ねるとともに薄らいでいきました。僕をその悩みから救ってくれたのは、ドイツ語を話す周りの友人たちでした。

僕がギムナジウムを卒業し、進学した日本の大学でのことです。大学3年生のとき、ドイツの提携大学からピーター（仮名）が留学生として来日。知り合った当初はタンデム的なことをやろうと計画したものの、日本語だけの生活にピーターがストレスを感じていたのか、僕たちの会合は結局、ドイツ語のみによる憩いの場となりました。

僕は、「定冠詞がなかなか覚えられなかったんだ」、「授業中に発言するのが恥ずかしくてさ」など、子どもの頃の経験をピーターに話しました。そして、「今でも前置詞を用いる際には、何が正しいのかわからなくて、うまく喋れないことがある」と、悩みを打ち明けました。すると彼は、きょとんとした顔でこう返したのです。

「え、ていうか、普通にドイツ語喋ってるじゃん」

さらにその数年後、ドイツで会社員時代に受講したコミュニケーション研修でも、同じような経験をしました。研修の一環として、受講者が1人ずつカメラの前で任意のテーマについて発表し、録画した内容を参加者で確認していたときのことです。自分の発表について感想を求められ、「内容は悪くはなかったかもしれないが、かなりつっかえてしまった」と、やや批判的な自己評価を下したところ、他の受講者が「え、どこが?」と、不思議そうな顔をしたのです。

「セミリンガルになってしまうかもしれない」という不安から、「できない自分」を鼓舞して状況の改善に努める姿勢も大切だとは思います。しかし、度を越えると、それは不要な自己否定を招くことになりかねません。

自己評価と他者評価の間にはギャップがあるものです。人間の行動や話す内容は、本人が思っている以上に、周りにはちゃんと伝わっているのかもしれません。僕は、あのときのピーターや研修受講者の表情から、「自分の語学力は、自分が思っているほどひどくはないのかもしれない」と自信をもらったのでした。

10 遅すぎることなどない

本章の最後に、皆さんに次の言葉をお届けしたいと思います。

「何かを始めるのに、遅いなんてことはない」

これは、僕がまだ会社勤めしていた頃の、一緒に仕事をしていたスタッフの格言です。

彼はこれを、お父さんに言ったそうです。息子が父親に説教するシーンは笑いを誘いましたが、そのとおりだなと思いました。

僕が自主的に読書したり、日記をつけたりし始めたのは、高校生になってからでした。どちらかといえば遅咲きの方だったと思います。その分、「遅れを取り戻そう」という気持ちは人一倍ありました。

自分の会社を経営するようになった今も、常に自分磨きの日々。毎日、早朝の1時間は「自己投資時間」と定め、読書や勉強をその枠内で行います。そのほか、趣味のギターやランニングの時間も確保するべく、1週間の予定を組む際に工夫を凝らしています。

確かに、頭がスポンジのように柔らかい幼少期から思春期にかけて吸収できる知識量を、大人になってから得るのは難しいかもしれません。だからといって、挑戦を諦める必要はないのです。繰り返しとなりますが、「子どもの語学力が足りない！　今すぐ手を打たないと手遅れになってしまう……」と必要以上に不安視する必要はありません。言語が一生をかけて習得するものである以上、そこに「手遅れ」という概念は存在しないのです。

親にとって、子どもが幸せになることが究極の目的ではないでしょうか。その目的に向かう過程においては、言語への取り組み方は何パターンもあるはずです。その時その時の「自分たちの言語」を大切にしていきたいと、自分自身に言い聞かせる毎日です。

第3章 カルチャーショックと差別

1 カルチャーショックとは

自分にとっての当たり前が、自分以外の人々にとっては当たり前ではないことに困惑したり、自分への理解が乏しいと感じた際に衝撃を受けたりしたことがないでしょうか。いわゆる「カルチャーショック」です。

大辞林によると、カルチャーショックとは「自己の行動や考え方の枠組みを与える文化とは異なった文化に接した時に受ける精神的な衝撃」とあります。辞書の説明にあるとおり、カルチャーショックとは異文化と捉えられる文化が存在することに、端を発しているようです。また、個々人の性格や考え方といった、よりミクロな要素がカルチャーショックの一因となっているとも考えられます。

日本と外国で生活した経験のある帰国子女にとって、カルチャーショックは日常茶飯事かもしれませんね。僕もドイツで暮らす中で、カルチャーショックを受けたことがあります。

・飛行機や電車が遅れたとき、イライラしているのは日本人である自分だけ

・欧米諸国では土足が原則だと知ってはいたけれど、本当に靴を履いたままソファやベッドに寝転がる姿にビックリ！

・ドイツ人にドイツ語で話しかけているのにもかかわらず、相手はなぜか英語で返してくる

・ネット通販でSサイズのシャツを買ったところ、日本の感覚ではLサイズ相当の大きな物が届いた

カルチャーショックの中には笑って済まされるものもあれば、偏見や差別といった、より重大な問題に発展する危険性をはらんでいるものもあります。自分が相手から偏見や差別を受けるのは嫌ですが、自分が相手に偏見の目を向けたり、無意識のうちに差別してしまったりするのも避けたいところです。

本章では、僕のドイツや日本での体験談を交えながら、カルチャーショックと差別の関係を整理した上で、差別や偏見をどのように回避するかについて、考えていきましょう。

2 ドイツの学校にあって日本の学校にないものは？

僕はドイツで生まれたとはいえ、物心がついたのは日本。そのため、8歳で再びドイツへ渡り、現地の小学校に編入した際は、カルチャーショックと驚きのオンパレードでした。

その1つが、給食です。日本の小学校では、昼食は学校で提供される給食をみんなで一緒に食べました。ところがドイツでは、昼食はあくまで各家庭でとるもの。学校は必然的にランチタイム前には終わります。

今でこそ、ケータリング会社が校内で昼食を提供するケースをよく見かけますが、僕が小学生だった1980年代には、そうした仕組みはまだなかったようです。そのため、担任の先生からドイツ語の個人レッスンを受けていた日を除き、お昼過ぎに学校に残っていることはありませんでした。

クラスの規模も、驚いたことの1つです。日本で通っていた小学校では、1クラスの生徒数は35～40人程度でした。一方、ドイツで編入したクラスでは、多くて1クラス25人前後。かなり違いますよね。

このほかにも、入学式や卒業式、運動会などの「日本の学校にあって、ドイツの学校にないもの」は即座に思いつきます。※6 一方、「ドイツの学校にあって、日本の学校にないもの」の代表格といえば、休暇中の宿題に関する法律。日本の小学校では、夏休みには計算ドリルや自由研究、読書感想文など大量の宿題が出されますよね。ところがドイツでは、学校が生徒に対して休みの間に宿題を課すことは、法律で禁じられているのです。※7 そのため、生徒は休み中、教材に手を触れることはありません。

ちなみにドイツでは、新年度に配布される教科書は、次の年の生徒が再利用できるよう、学年末に学校に返却することになっています。そのため、1つ上の学年に進級する際の休暇中に、教科書を見返して復習したり、新しい教科書を使っ

※6 厳密に言えば、それらがドイツの学校にはないとは言い切れません。1学年や5学年に進学する際などは、生徒や保護者、教員が体育館や講堂に集まるほか、スポーツフェスティバルのような催し物が開催されることもあります。

※7 例えばヘッセン州では、「学校関係の形成に関する規定（Verordnung zur Gestaltung des Schulverhältnisses, VOGSV）」第35条第5項において、「休日には宿題を出してはいけない」と定められています。

て予習したりすることができません。もちろん、自主的に勉強する生徒もいるかもしれませんが、僕はもちろんのこと、僕の周りにも、そこまで熱心な生徒はいませんでした。

「ドイツの学校にあって、日本の学校にないもの」の別のケースも紹介しましょう。

僕が驚いたのは、家から持ってきた食べ物を、休憩時間に生徒たちが食べていたことです。初めて目にしたときは、「えっ、食べていいの?」と、目を丸くしたものです。生徒たちがよく食べていたのは、ハムやチーズをはさんだ黒パンや、食べやすくカットしたリンゴ、さらには、スティック状のキュウリやニンジンなどでした。ニンジンをかじりながら校庭を走り回る子どもを日本では見たことがなかっただけに、幼い僕にはとても新鮮に感じられたのでした。

また、クラスに外国人が多くいることも、ドイツの学校では当たり前でした。僕が編入したクラスには生徒が25人前後いましたが、そのうち4分の1は外国人であったと記憶しています。出身国はトルコ、ギリシャ、イタリア、旧ユーゴスラビア、イランなど、実にさまざま。しかも、外国人のうち、ドイツ語が解せないのは僕だけで、他の生徒は普通にドイツ語で会話しているのです。ちなみに、現在もドイツの学校には外国人の生徒が多く、それはドイツの特徴の1つであるといえます。

ドイツの小学校で驚いたことは、まだあります。それは、小学校でも留年※8があることです。それも、珍しいことではありません。実際、僕のクラスにも同じ学年をやり直すことになった1つ年上の生徒がいました。

このように、小学校時代には数々のカルチャーショックを受けました。続いてはギムナジウムで感じたカルチャーショックについてお伝えしましょう。

※8　VOGSV 第17条第3項の補足説明において、「小学校2～4年生においてドイツ語・算数・社会理科のうち2科目の成績が悪いまたは不十分と見なされた場合、進級はできない（注：和訳はドイツ語本文の要約）」と定められています。

3 ギムナジウムの成績は議論して決める

ギムナジウムでも興味深いカルチャーショックに出合いました。その1つが、「成績のつけ方」です。僕が生徒だった頃は、期末の成績評価は、先生と生徒の議論を通じて行っていました。

そのプロセスについて説明しましょう。まずは先生が、成績評価案をクラスの前で発表します。クラスに生徒が25人いるならば、25人分の成績評価案を公表するのです。

続いて、自分、もしくは他生徒の成績が妥当かどうか、生徒間、そして生徒と先生の間で議論します。これが、とても白熱した議論になります。「先生、Aさんは B さんより授業中に多く発言したので、Bさんが3であるなら、Aさんは2にすべきです」と、正義感の強い生徒がAのことを擁護することもあれば、「先生、僕は授業中、Cさんほどは発言しませんでした。それは認めます。しかし、筆記試験の結果はCさんより僕のほうが良かったことも知っています。なので、せめてCさんと同じ成績であるべきと思います」と自己弁護することもあります。

興味深いのは、この議論を通じて実際に成績評価が変わることもあるということ。10年生の時、「この教科を落とせば留年決定」という生徒の評価が議論によって覆され、留年を免れたケースもありました。僕の場合、授業に消極的だったこともあり、先生から提示された成績評価をそのまま受け入れてしまいがちでした。でも、それでは本当はいけないのでしょうね。

言語面でも困惑したことがあります。その代表的な例が「返事の仕方」です。ドイツに限らず多くの欧米諸国にも該当する話ではありますが、日本語であれば「はい」と答えるところを、「いいえ」と返す場合があるということです。これは日本人にとってはなかなか厄介な問題です。

例を挙げて考えてみましょう。「今日は、雨降らないよね？」という問いかけに対する、日独の回答の違いです。

【日本語の場合】

「今日は、雨降らないよね？」

（降らない場合）「うん、降らないよ」

（降る場合）「いや、降るよ」

〔ドイツ語の場合〕

「Es wird heute nicht regnen, oder?（今日は、雨降らないよね？）」

（降らない場合）**「Nein, es wird nicht regnen（いや、降らないよ）」**

（降る場合）**「Doch, es wird regnen（何言うんだい、降るに決まってるよ）」**

こうした会話において、質問者は「今日は雨が降らない」と思っており、その確認がしたいのです。まずは、雨が降らない場合。日本語では「はい」である一方、ドイツ語では「いいえ」。その背景にあるのは、目線が「相手」か「自分」かによる違いであると、僕は考えます。

日本語の場合、「今日は雨が降らない」という質問者の考えを肯定するために、回答者は「はい」と答えます。一方のドイツ語では、質問者の考えはひとまず横に置かれ、回答者は「私は、今日雨が降るかどうかを尋ねられている」と解釈します。つまり、「自分」を主語にしているのです。その上で「いいえ、（私は）今日は雨が降らない（と考える）」と答えるのだと思います。

「欧米人は自己主張が強い」とよく耳にします。真相はさておき、こうした会話からも、自分を中心とした（主語とした）考え方が欧米諸国での対人コミュニケーションに反映されていると理解することができます。

続いて、雨が降る場合はどうでしょうか。日本語では「いや、降るよ」と答えますが、ドイツ語ではここで「doch《ドホ》」という表現を用います。Dochは、否定を含んだ質問に対して肯定的に返答する際に使用されます。直訳が難しいのですが、「何を言うんだ」といったニュアンスです。

僕は、この「doch」に慣れるまで、結構時間がかかりました。例文のように「今日は、雨降らないよね？」と聞かれると、無意識に「うん、降らないよ」という日本語の返答が頭に浮かんでしまいます。そのため、つい「Ja（はい）」と口から出てしまうのです。相手は困惑した顔で、「『Ja』って言われても……。雨は降るの、降らないの？どっち!?」と突っ込まれることがたびたびあったものです。

4

「帰国子女」ならではのカルチャーショックも

はじめのうちはドイツの学校のしきたりやドイツ語特有の表現に戸惑っても、時間の経過とともに「当たり前」へと変化していくものです。すると今度は、日本へ帰国後に、ドイツで培われた自分の常識が覆されるようになるのです。

あれは、大学受験のために帰国した際のことです。宿舎の浴場へ行くと、先客がいることに気づいた僕は、元気よく「こんにちは！」と挨拶しました。すると相手は、「オレたち知り合いじゃないよね？　なんで挨拶するの!?」と言わんばかりの顔で、僕を凝視するではありませんか。ドイツでは、他人同士でも挨拶するのは一般的です。レストランでも、隣のテーブルの人と目が合えば軽く会釈します。それだけに、浴場での相手の反応に、僕は驚きを隠せませんでした。

また、「上下関係」もカルチャーショックを受けたことの1つです。海外生活が長い人にとって、日本の上下関係はとても厄介な問題なのです。

僕は、人と接する際に大切なのは「相手を尊重するかどうか」であると考えます。相手を尊重し、敬意をもって接する結果として敬語がある、というのが僕の持論です。年齢や学年が上か下かというのはあくまで形式的なものであり、敬語を使う決め手になるわけではないと考えています。

僕はドイツの現地校で学年を1つ下げていました。また、ギムナジウムが13年生（高校4年）まであったことから、日本の大学に入学した時点で、現役で入学した同級生より2、3歳年上でした。そのため僕より年下の「先輩」も当然います。それまでは僕に対してバリバリのタメ口をきいていた「先輩」が、僕のほうが実は年上だと知った途端、急にかしこまる始末。そうなってくると、敬語を使う条件は「学年」なのか「年齢」なのか、もはや判断がつきません。

先述した持論がある僕は、学生時代に形式的に敬語を使う自分に、どうしても納得がいきませんでした。とはいえ、必要以上に波風を立てたくなかったのも事実。「郷に入っては郷に従え」の精神で、大学で学年が上の「先輩」には敬語を使っていました。でも、そんなふうにして「後輩」を演出する自分にぎこちなさを感じ、まるで自分ではないような錯覚を抱くこともありました。

5

使い分けが難しいビジネスの敬語

ドイツを含む欧米では、日本の「先輩・後輩」に該当する上下関係がありません。ゆえに、教育機関や会社における人づき合いはとてもフラット——という印象を、多くの人が持っているかもしれません。たしかに、学年や年齢の上下で敬語を使う慣習はありません。しかし、形式的な上下関係がないだけに、敬語の使い分けに悩むのが実情です。

例えば、相手のことを指す言葉。英語の二人称は「You」ですが、ドイツ語の場合、「Du《ドゥ》」と「Sie《ズィー》」の2パターンがあり、前者の方が後者よりくだけた表現となります。

親称二人称「Du」は、親子や兄弟、友達など、親しい間柄で使われ、和訳すると「君《きみ》」といったイメージの言葉です。一方、敬称二人称「Sie」は、それ以外、例えば学校やビジネスの場で用いられます。日本語ならば「あなた」のような、よりフォーマルな意味合いを含みます。

欧米諸国における「フラットな組織」というと、互いにファーストネームで呼び合うフランクな職場を連想しがちですが、実際はまるで違います。そこには守るべき暗黙のルールが存在し、それを破ると痛い目に合うばかりか、最悪の場合、自分のキャリアを棒に振る結果を招きかねません。

ドイツにおけるルールとは、「Du を使うかどうか、また、いつから Du を使うかは目上の人が決める」ということです。この暗黙のルールには必ず従わなくてはなりません。ここで「A社に入社することになったトーマス君」のケースを例に挙げながら、ドイツにおける敬語の使い分けについて考えてみましょう。

トーマス君は、面接官兼上司のマイケルとの面接を経て、A社に入社することになりました。入社初日のことです。

〔ケース①　最初から「Du」を使う場合〕

マイケル「やあ、トーマス、A社へようこそ！　会うのは面接以来だね。僕の名前はマイケルだよ。今後は君の上司として、ともに頑張ろう。あ、こ

　　れからはDuで呼び合おう。では、よろしく！」
トーマス「ありがとう、マイケル。新しい職場に早く慣れるよう、頑張るよ！」

上司であるマイケルが「Du」の使用を提案してはじめて、2人は「Du」で呼び合う間柄となります。一方で、入社当初はお互いにまだそれほど知らないということから、とりあえずはフォーマルな関係を維持するケースもあります。

〔ケース②　最初は「Sie」で、時間の経過とともに「Du」に移行する場合〕
マイケル「やあ、トーマスさん、A社へようこそ。会うのは面接以来ですね。今後は上司と部下として、どうぞよろしく」
トーマス「ありがとうございます、マイケルさん。新しい職場に早く慣れるよう、頑張ります」
（数週間経過後）
マイケル「君の活躍は期待通りだよ。どうだろう、トーマス。これからはDuで呼び合わないか。僕のことはマイケルと呼んで。これからも頼りにし

ているよ！」

トーマス「ありがとう、マイケル。これからも成果を出せるよう、頑張るよ！」

「Sie」から「Du」へ移行するタイミングは、目上の人が決めます。移行の決め手は、なんといっても「信頼関係」。すなわち、上司に認められてようやく「Du」を使うことが許されるのです。この場合、最初から「Du」を用いるよりも、努力の末に勝ち取った「Du」という意味合いを含んでいて、呼ばれる本人としては嬉しさが増します。

このように、フラットな組織といえども、そこには守るべきルールがあります。これを無視して、下の立場の人間がいきなり「Du」を使うのはご法度です。決めるのは、あくまでも目上の人。

また、いくら「Du」とはいえ、ビジネスにおいては「親しき中にも礼儀あり」で、友達との間で用いる「Du」ほどくだけることはありません。その意味を込めて、ビジネスシーンにおいては「Du」のことを「プロフェッショナルなDu」と呼ぶこともあります。なお、入社するまでのステップ（面接やメールでのやり取りなど）においては、双方ともにフォーマルな表現を使うのが原則です。

どちらを使えばいいかわからないときは、「Sie」を用いるのが無難でしょう。ただし、相手が親しみを込めて「Du」を使っているのに、自分がしつこく「Sie」に固執すると、他人行儀な印象を与えかねません。

ちなみに、ギムナジウムでは高等部になると、先生が生徒を「Sie」と呼ぶようになります。名前はあくまで「Kotaro」とファーストネームで呼ぶのですが、「Kotaro, haben Sie……」という感じに、敬称が用いられます。これは、大人に近づきつつある生徒の気持ちを尊重した上での対応なのだと思います。夏休み前までは「Du」と言っていた先生が夏休み後（進級後）には「Sie」を用いるようになるため、嬉しさと恥ずかしさが入り混じった感覚を抱いたものです。

ただし、ここでも「Sie」を使うかどうかは目上の立場である先生の判断に任されています。僕の音楽の先生は、僕が卒業するまで一貫して「Du」でした。ところが最近、約25年ぶりに先生と再会した際は「Sie」にスイッチ！「今さら『Sie』はないでしょう、先生」と、ツッコミを入れておきました（笑）。

6 偏見や差別が生まれるのはなぜか

カルチャーショックは、自分が慣れ親しんでいる考え方や習慣を共有しない場面に遭遇したときに受けます。カルチャーショックを受けて、「あの人が自分と認識を共有しないのは、あの人が○○だからだ」といった一方的な決めつけをしたり、されたりした経験は、誰にでもあるのではないでしょうか。

カルチャーショックには、相手に対する偏見や差別につながるリスクがあります。それだけではありません。「差別を受けた」という体験が、相手の中でカルチャーショックを引き起こし、それがさらなる差別を誘発するトリガーとなり得るのです。

ここで、「偏見」や「差別」について、図3―1に沿って、その定義を整理しましょう。

偏見や差別が生まれる根底には、「カテゴリー化」があります。カテゴリー化

	定義	例
カテゴリー	ある特徴をもつ分類	人種、国家、職業、階級、宗教、性別
ステレオタイプ	限定的な情報を基に形成される、単純化された認知	〇〇人はおしゃべりだ
偏見	過度のカテゴリー化やステレオタイプに基づく否定的な感情	〇〇人はおしゃべりだから、仕事が遅くてイライラする
差別	正当な根拠に基づかずに人々や集団を不当に扱う行動	〇〇人は仕事が遅いから、採用しない

加賀美常美代 （2012） 「グローバル社会における多様性と偏見」、加賀美常美代・横田雅弘・坪井健・工藤和宏編著 『多文化社会の偏見・差別―形成のメカニズムと低減のための教育』 異文化間教育学会 を基に作成

図 3-1 「偏見」と「差別」の定義と例

とは、ある対象物を特徴ごとに分類することです。人種（「白人」や「黒人」）や国家（「日本」や「ドイツ」）、性別などがその典型でしょう。カテゴリー化はあくまで客観的な分類であるため、それ自体が問題ではありません。

カテゴリー化の先にあるのが、「ステレオタイプ」です。これは、限定的な情報に基づいて形成される、単純化された認知と解され、「〇〇人はおしゃべりだ」などが例として挙げられます。

カテゴリー化やステレオタイプが度を超えると、それは「偏見」へと発展します。「〇〇人はおしゃべりだから、仕事が遅くてイライラする」といった

ように。その先にあるのが、正当な根拠に基づかずに、人々や集団を不当に扱う行動、すなわち「差別」です。「〇〇人はおしゃべりで仕事が遅いから採用しない」といったケースです。

僕は、この一連のプロセスを、身をもって体験しました。例えば、日本での大学生活でのこと。僕がドイツで生まれ育ったことを明かす前は普通に接していたのに、僕のバックグラウンドを知った途端、相手は「あー、やっぱり！だってなんか、中尾君の日本語って独特というか、ちょっと変というか……」などと口にし始めるのです。それからは、僕が「1週間半ぐらい」と言うと、みんなで一斉に「日本では普通、『1週間半』なんて言わないよ！」と返す始末。あたかも「中尾の日本語はおかしい」というレッテルを貼ろうとしているかのように、僕には感じられました。

このような体験を重ねた僕は、日本では自分が粗探しの対象となっているような気がしてきました。まるで動物園にいる珍生物のような存在。常に「何か面白いことをやってくれるんじゃないか」と視線を向けられていた気がします。

でも、僕は特に何も言い返しませんでした。想像してみてください。仮に僕が、

「いや、日本でも『1週間半』と言うよ」と反論したとしましょう。それで相手は考えを改めるでしょうか？　僕が言葉選びに慎重になればなるほど、相手も僕の言動に対してさらに神経を研ぎ澄ましてくるのではないでしょうか。

結局、「中尾の日本語はおかしい」と決めつけている相手との間には、認識のギャップがあり、それを埋めることは難しいのです。

しかし僕は、必ずしも全員と認識の一致を図りたいわけではありません。当たり前ですが、「中尾の日本語はおかしい」と決めつける人もいれば、僕が帰国子女だからといって決めつけをしない人もいるからです。

7 カルチャーショックと差別は紙一重

カルチャーショックは差別に発展するリスクをはらんでいます。それは、子どもに深い傷を負わせることにつながりかねません。ここでは、僕が小学校時代に体験することとなった、自分の中でもっともショッキングだった差別と、それに伴うカルチャーショックのことをお話ししましょう。

「チンチャンチョン」――これは、われわれ日本人を含むアジア人に対する差別用語です。今でこそ、和食が評価されたり、多くの日本人がビジネスやスポーツ、音楽などの分野において世界レベルで活躍したりするようになり、欧米諸国における日本に対する理解は深まりつつあります。しかし30～40年前は今とは状況が大きく異なり、アジア人に対する無理解は、侮辱や差別という形で表れていました。そしてそれは、子どもたちをも標的としていました。

僕がまだ小学生の頃のことです。授業が終わり、帰宅するために1人で住宅街を歩いていると、突然「チンチャンチョン！」という声が聞こえてきました。反射的に、声が聞こえた方向を見上げると、家の2階の窓際に、僕と同い年ぐらいの男の子が立っていることに気づきました。その子は、僕と目が合うや否や、慌てて窓を閉めました。そう、その子は、僕に「チンチャンチョン」と言うためにわざわざ家の窓を開け、差別用語を放ち、隠れるかのようにその場を去ったのです。

また、当時4年生の僕が家族と旅行していた時のことです。パーキングエリアで車から降りた僕を目にすると、ドイツ人と思われる男児2人が「おい見ろよ、中国人だぜ」と叫び、目尻をつり上げ、「チンチャンチョン」とはやしたてながら近づいてきたのです。その後数分間にわたって、僕を取り囲みながら「チンチャンチョン」コールを繰り返す2人。見かねた僕の母が車から降りて来て、「チンチャンチョン、nicht, nicht（ダメ、ダメ）！」と、片言のドイツ語で彼らを追い払ったのでした。

その時の僕は、何もできず立ちすくむばかりでした。すでにドイツ語は母よりも話せるようになっていましたが、僕には言い返す度胸がなかったのです。ただただ、沸き立つ怒りに耐えるのに精一杯でした。

日本に住んでいた頃は、当然のことながら、自分がアジア人であるからといって侮蔑されることはありませんでした。それだけに、2度目のドイツ生活で「チンチャンチョン」に代表される人種差別の洗礼を受けた日のことは、悲しいカルチャーショックとして、僕の記憶に刻まれています。

さて、あれから40年近くたち、差別は過去のものとなったでしょうか。残念ながら、今もなお、アジア人にまつわる状況が好転したとは言い切れません。

先日、近所をランニングしていた時のことです。僕とすれ違った2人の子どもたちが、わざわざ振り返って「チンチャンチョン！」と僕に向かって叫ぶではありませんか。この通り、アジア人を取り巻く状況にあまり変化はありません。しかし、僕自身はこの40年で変わりました。昔の僕は、ただ悔しさに歯を食いしばるだけでしたが、今の僕は、彼らにドイツ語で話しかけます。

「今、君が言った『チンチャンチョン』って、何語？　もしかして、アジア人のことをバカにしてるの？」

こう言われた相手は、ほとんどの場合、しどろもどろになります。そして、次にアジア人を見かけた際は、自分の差別を自覚し、どのような態度をとるべきか、もう少し慎重に考えることでしょう。

ちなみに、自分の子どもたちには、常日頃から次のように言い聞かせています。

「君たちも日本人として海外に住んでいる以上は、『チンチャンチョン』と言われることから逃れられない。でも、差別する人たちのことは無視していいよ。無視をすると、差別する人たちは『へえ、コイツ、言い返すこともできないんだ』と、ますます調子に乗るだろうけれど、そんなのまったく気にしなくていい。『チンチャンチョン』と言われたら、『差別するのはみっともないことだ。自分なら絶対にそんなみっともないまねはしない』と、自分に言い聞かせてごらん」

子どもたちに、僕がするのと同じように差別に立ち向かわせるのには、無理があります。僕自身がそうであったように、差別を受けた子どもは多くの場合、悔しさと恥ずかしさで胸がいっぱいで、相手に反論するような余裕はないのです。その状況で親が「なんで言い返さないんだ！」などと圧力をかけるのは、さらに子どもを傷つけるばかりです。

それよりも、親は子どもの1番の理解者であってあげてほしい。ぜひ、「お父さんもお母さんも、差別されたときの悔しさがわかるよ。自分がやられて嫌なことは人にしないように、みんなで気をつけようね」と、目線を合わせて話しかけてあげてください。

8 あるときは被害者で、あるときは加害者で

偏見や差別は、それらが起こること自体が問題です。しかし、差別されている自分も、実は他者を差別しているかもしれないという点には留意しておかなければなりません。加害者と被害者の関係は、常に固定されているとは限りません。見知らぬ子どもから「チンチャンチョン」とはやしたてられた時、僕は差別の被害者でした。でも、僕も常に被害者であるわけではなく、加害者になってしまうこともあるのです。

「ドイツは個性を尊重する国である」と称賛されていますが、子どもにとっては無縁の話。とりわけ小中学生の男子は、出身地や居住国にかかわらず基本的にみんな愚か、というのが僕の持論です。当然、僕も例外ではありませんでした。

ギムナジウムの同じクラスに、ダニエル（仮名）という男子生徒がいました。彼は太っちょだったため、他の男子生徒からいじめの対象となっていました。ま

た、ダニエルは大の心配性。授業内容をちゃんと理解できたか、宿題の範囲をしっかりメモしたかなど、ちょっとしたことで不安になり、すぐに泣き出してしまいます。そんなダニエルを、僕ら男子生徒が放っておくわけがありませんでした。


「お〜い、デブ！」

「みんな、デブがまた泣いてるよ！」


僕らがからかえばからかうほど、ダニエルはますます泣きじゃくる。その連鎖反応がたまらなく愉快で、僕らのいじめはさらにエスカレートしていきます。

みんな、決してダニエルのことを嫌っていたわけではなく、日頃のストレスの腹いせで彼を標的にしたのでもありません。また、無視や身体的な苦痛を与えたりするような陰湿な嫌がらせに発展することもありませんでした。

でも、だからといって僕らの行いは許されるものでしょうか？ これは「カルチャーショックや偏見・差別ではなく、単なる子ども同士のからかいだ」と済ませてしまえるものでしょうか？

加害者であった僕が今さらこんな正論を唱えるのも恥ずかしい限りですが、僕らの行いがダニエルを苦しめていたことは確かで、その意味において陰湿ないじめや差別と大差はありません。

振り返ると、ダニエルは実は強い内面の持ち主だったと思うのです。僕らにいじめられた彼は、たいてい、その場で泣き出しました。泣くことを通じて自分の感情をあらわにし、僕らに抵抗していたとも言えます。対して僕は、「チンチャンチョン」とはやしたてられた時、相手を非難するのはもちろん、泣くことすらできなかったのです。

ちなみに、ダニエルはその後水泳に通い始め、見事にダイエットに成功。ギムナジウムを卒業し、僕が日本の大学に進んだ後も、彼とは文通を続けました。また、僕が社会人としてフランクフルトを訪れた際、ダニエルは率先して昔の同級生に声をかけ、ちょっとした同窓会を開いてくれました。

ずっといじめていたのに、長い間友情を育んでくれたダニエル。彼は僕に、真の友情とは何かを考えるきっかけを与えてくれたと同時に、いじめや偏見、差別の加害者であることがどれだけ惨めであるかを教えてくれたのでした。

9 差別はなくなるか

世の中から差別がなくなれば、誰もがより幸せな日々を過ごせるでしょう。でも、差別が世の中から完全になくなることは、現実にありえるのでしょうか？残念ながら、僕は難しいと感じます。僕はこれまでに数えきれないほどの差別を受けてきました。大人になった今ですら、街を歩いている際に「チンチャンチョン」と揶揄されます。自分の経験から考えても、差別の根絶には悲観的にならざるを得ません。

だからといって諦めるのではなく、差別を減らす方法を模索することは可能です。ポイントは、被害者・加害者ともに差別について「考える」ことだと思います。図3－2は差別の被害者・加害者それぞれの対応パターンを一覧化したものです。互いに差別について考えることを通じて、もしくは考えないことを通じて、どのような結果が導き出されるのか。被害者・加害者がとりうる対応を大別し、

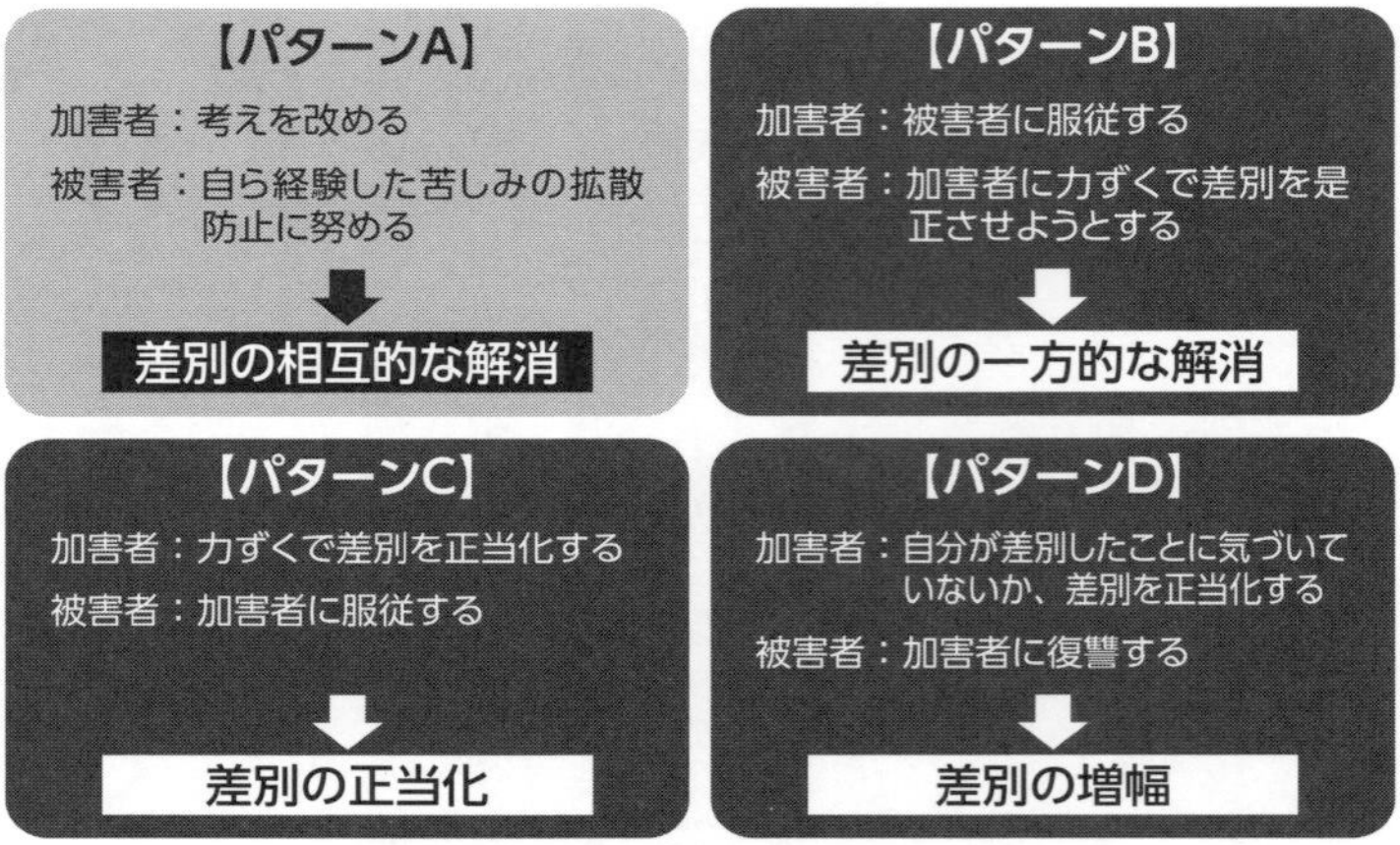

図 3-2　加害者と被害者の対応パターン

そこから得られる結果をA～Dの４つのパターンにまとめました。

【パターンD】

被害者も加害者も好ましくない対応をとるパターンです。被害者は「自分だけが差別されるのは割に合わない」という気持ちから、「目には目を歯には歯を」よろしく、復讐することだけを考えます。その標的は加害者であることもあれば、まったく関係のない第三者となることもありえるでしょう。加害者は自分が差別したこと自体に気づいていないか、もしくは、「○○は△△だから、差別されても仕方がない」

と開き直るかのどちらか。パターンDでは差別が減ることはなく、逆に増幅される運命を辿ります。

【パターンC】

地位や資格などの権力や暴力などを使って、加害者が自分の意見を押し通すという、いわば独裁的なアプローチです。被害者は加害者の横柄さに到底納得できないものの、立場が弱いため、反論することができずに泣き寝入りします。その結果、差別は正当化されてしまうのです。「ドラえもん」の世界でいえば、ジャイアンとのび太の関係だといえそうです。前述した僕のケースで言えば、「中尾の日本語はおかしい」と決めつけられたことと、子どもの頃に「チンチャンチョン」と言われて反論できなかったことが、パターンCに該当すると思います。前者に関しては、「ちゃんと自分のことを理解してくれている人もいるのだから、別にいいや」と、僕が諦めました。また、後者では、僕はぐっと堪えるしか方法はなかったのでした。

【パターンB】

被害者が差別に屈することなく加害者に立ち向かうのが、パターンBです。しかし、やり方次第では、差別はあくまで被害者の視点からのみ解消されることとなります。例えば、被害者の男の子が、5歳年上のお兄ちゃんに助けを求めます。弟がかわいい兄は、「弟をこれ以上いじめると、このオレ様が黙っていないぞ」と、加害者を脅します。これで、弟は平穏な日々を送れることでしょう。ただし、加害者の父ちゃんが被害者宅に怒鳴り込みに行くまでは……。

【パターンA】

最悪のシナリオは、両者とも改善に努めないこと（パターンD）。しかし、差別を一方的に解消させる方法（パターンBとC）では、被害者・加害者のどちらかにしわ寄せが及ぶことがわかりました。では、どうすれば差別は減るのでしょうか。それは「互いに歩み寄る」ことであると、僕は考えます。加害者の場合、自分が犯した過ちについて反省すること。被害者の場合、自分がされて嫌なことを他者にしないこと。これらが、互いに歩み寄るための最初の一歩です。加害者であった僕が言うのもおこがましいのですが、先ほど紹介した「太っちょダニエル」のケースは、パターンAに該当すると言えるのではないでしょうか。

「パターンAはあくまで理想論だ」と思う方もいらっしゃるかもしれません。そうです、これは理想論です。しかし、他の方法が差別の解消につながらないのであれば、理想を追求するしかないのです。

「カルチャーショックには、相手に対して偏見を抱いたり、相手を差別したりすることにつながるリスクがある」、「差別を受けたという体験が、被害者の中でカルチャーショックを引き起こし、それがさらなる差別を誘発するトリガーとなり得る」と先述しました。では、僕の場合はどうだったのでしょうか。

僕はこれまでにおいて、差別が原因でカルチャーショックを受けたことが何度もあります。アジア人蔑視がその好例です。逆に、カルチャーショックを受けたことで、恥ずかしながら、周囲に対して僕自身も差別意識を抱いてしまったり、相手を恨んでしまったりした経験もあります。つまり、僕は差別の被害者であると同時に、加害者でもあるのです。

しかし、それらの経験を積んだことで、人生の教訓を得たのも事実。身体的特徴を理由に個人を攻撃することがどれだけ惨めであるかを、僕はギムナジウム時代の友達・ダニエルから学びました。また、絶えることのないアジア人蔑視は、「人種や肌の色、宗教、性別などを理由に、僕は誰も差別しない」と、心に固く誓うきっかけとなりました。

このように、個々人が経験を通じて考え、自分なりのポリシーを築くことが、差別を減らすことにつながるのではないでしょうか。たとえ小さな一歩であったとしても、自分なりに「考える」ことの重要性を、僕は唱えていきたいです。

10 「互いに歩み寄る」とは

互いに考え、歩み寄ることについて、僕の最近の取り組みを紹介させてください。僕は中高生を対象にした、「考える」ことについて考えるオンライン授業を定期的に開催しています。その中で、僕は生徒たちに次の課題を出しています。

「あなたは今、オレンジがほしいと思っています。あなたとあまり気の合わない同級生も、オレンジがほしいと言っています。しかし、オレンジはたった1つしかありません。この場合、あなたならどうしますか?」

生徒たちは一生懸命に考え、「相手とオレンジを分ける」や「面倒なことに関わりたくないので、相手にあげる」といった回答を出してくれます。そうした中、僕が提案するのは「歩み寄り法」。その名のとおり、互いに歩み寄ることで解決策を見いだす方法です。

この場合、まず、自分と同級生は何のためにオレンジが必要なのかを話し合います。話し合いによって「自分はオレンジジュースを作りたいので、オレンジの果実だけを必要としている。一方、同級生はケーキを作りたいので、オレンジの皮だけを求めている」といったことがわかるかもしれません。それならば、互いに不満を抱えることなく、2人で1つのオレンジを共有することが可能になります。

話し合いは、互いに歩み寄るための一歩です。歩み寄りによって、どちらも損することなく、Win-Winな関係を構築することができるかもしれません（図3−3）。また、歩み寄りを通じて、相手の意外な一面を知ることができ、互いの距離が縮むという嬉しい副作用も得られるのではないでしょうか。

ちなみに、授業後に生徒からは次のようなコメントをもらいました。


「自分は2つに分けるか、相手にあげることしか考えてなかったので、『歩み寄る』という方法は斬新でした」

僕はジュースを作りたいから
果実だけがほしいんだ
私はケーキを作りたいから
皮だけがほしいの
Win-Win

図 3-3　互いに歩み寄って Win-Win の関係を築く

「今日の授業を機に、苦手な人にも積極的に話しかけてみようと思いました」

自分自身が変わることでカルチャーショックを克服し、偏見や差別を減らしていく。その最初の一歩を子どもたちが踏み出してくれたのだと実感した次第です。

11 カテゴリー化との付き合い方

「カテゴリー化はあくまで客観的な分類であり、それ自体が問題ではない」と前節で述べました。ここで、カテゴリー化について今一度考えながら、本章を締めくくりたいと思います。

いくら「客観的な分類」とはいえ、それを決めるにあたっては主観的にならざるを得ない場合もあります。主観的である以上、そこにあるのは、偏見や差別が生まれるリスク。ここで重要となるのが、「偏見や差別を生まないための、カテゴリー化との付き合い方」です。

・ドイツ人は自己主張が強い
・日本人はお人よし
・A型の人は几帳面

「○○は……」というカテゴリー化は、誰もが一度は聞いたり使ったりしたことがあるでしょう。カテゴリー化の例は、挙げ出したらきりがないほどです。僕もその例外ではなく、中学生ぐらいまでは日常的に人をカテゴリーに分けていました。

考えを改めたのは、中3の頃だったでしょうか。カテゴリー化が「個」というものを一定の枠に無理やり押し込む強引な手法であると、違和感を覚えたのです。「日本人は○○、ドイツ人は△△と言うけど、じゃあドイツで生まれ育った日本人はどうなのか?」と。それからの僕はカテゴリー化を否定し、「あくまで人それぞれ」という立場をとっていました。

しかし現在では、カテゴリー化とは、個々の細部ではなく共通部分に着目することによって、物事に普遍性を見いだすための、れっきとした手段であると捉えています。人間の認知にはどうしても限界があるので、情報をカテゴリー化しながら頭の中を整理するのは、効率的な思考法の1つでしょう。ただし、そこに「自己目線・他者目線」という別の要素が加わること、さらには、カテゴリー化同士が歩み寄ることが大切なのだと思います。

「あなたはどんな人間ですか？」と問われたら、どう答えますか？　あくまで自分の意見だけに依拠して回答すればよいのでしょうか。僕は、そうではないと思います。「自分はどんな人間か」という問いに答えるには、自分自身の考え（＝自己目線）のほかに、「周りが自分のことをどう思っているのか（＝他者目線）」という点にも着目する必要があるのです。

例えば、僕はドイツ語を話せるので、自分のことを「ドイツ語の話せる日本人」として認識しています。他方、ドイツにはドイツ語を解せない多数のアジア人が暮らしています。そうした事実に基づいて「ドイツに住むアジア人はドイツ語が話せない」というカテゴリー化がなされることがあります。つまり、周りの人間にとっては、僕は「ドイツ語の解せないアジア人」に映っている可能性もあるわけです。

ここに、自己目線と他者目線のすれ違いがあります。僕が自己目線しか持っていなければ、「オレがドイツ語を話せることを、なんで周りはわかってくれないんだ！」と、不満を抱くでしょう。でも、他者目線も持っていれば、それはあくまでドイツで暮らすアジア人の傾向に基づくカテゴリー化による結果なのだと、

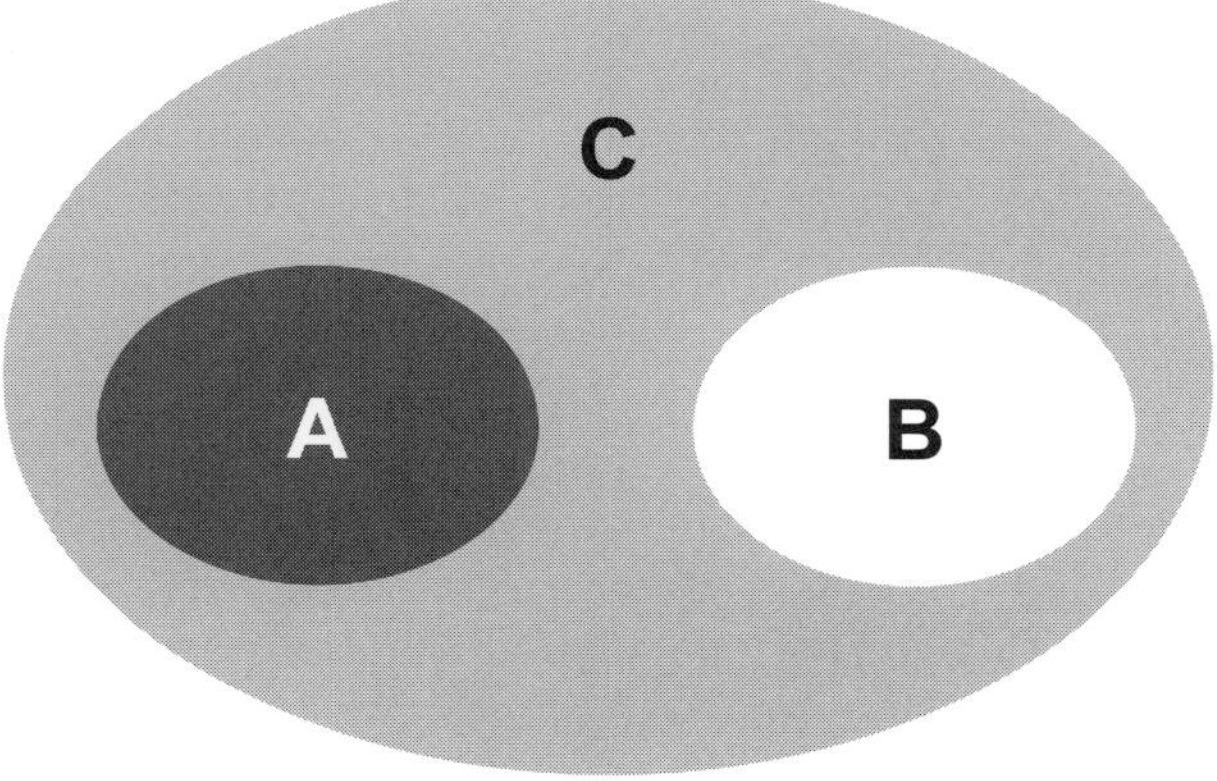

図 3-4　俯瞰して見るとAとBは同じグループCに属している

冷静に理解できます。

また、問題の本質は、「カテゴリー化を肯定・否定すべきか」ではなく、「カテゴリー化とどのように向き合えば、世の中の偏見や差別を減らすことができるのか」にある、と考えます。

カテゴリー化とは、その捉え方次第で、人々の関係が大きく左右されます。仮にAとBという、互いに敵対視しているカテゴリーがあるとしましょう。しかし、AもBも、実はCというさらに大きいカテゴリーに属しています(図3－4)。Cという同じカテゴリーに属しているという意味において、AもBも同類なのです。Cから見れば、

AとBは同属であるにもかかわらず、不要な境界線を人為的に引いてしまうことによって、互いに敬遠し合っているのです。

人間はもしかして、必要以上にカテゴリーを築き、根拠のないルールを設けることで、知らないうちに自らを不要なカテゴリーに封じ込めているのかもしれません。しかし、少し視野を広げるだけで、小さなカテゴリーにこだわることには意味がないと気づきます。すると、不要なカテゴリーはいずれなくなり、根拠のあるカテゴリーのみが残るのではないでしょうか。

他者目線を持ち、自分がどのようなカテゴリーに属しているのかを認識しながら、自分、そして他カテゴリーに属する相手の立場をより俯瞰的に捉えること。また、自分の考え方や価値観が、不要なカテゴリー化や偏見、差別を助長していないか確かめること。１人でも多くの人間がこのように考えることで、差別が解消されることを願ってやみません。

第4章 「自分」は何者か

1 海外帰国子女に向けられる世間の目

自分が自分をどう見ているかと、周りの人が自分をどう見ているかは、多くの場合異なります。例えば、「自分は几帳面な性格だ」と思っているのに、周りの人からは「もう少し丁寧な言動を心がけてほしい」と思われていることもあるでしょう。これは、どちらの意見が正しくて、どちらが間違っているという話ではありません。「自分はどのような人間なのか」について考える場合は、前章でも述べたとおり、自己目線だけではなく、他者目線も考慮する必要があることを示唆しています。そして、そのような多角的な視点をもつことで、「本来の自分」の姿が見えてきます。

本章では、海外帰国子女が一般的にどのように認識されているのかを把握したうえで、彼らが置かれている現状を概観します。そして、他者目線と自己目線が人格形成や言語習得にどのように影響するのかを、僕自身の経験を交えて明らかにしていきます。

まずは、海外帰国子女が一般的にどのように受け止められているかをネットで検索してみました。さまざまな意見がありましたが、特に多く目にすることになったのが次のものです。

・外国語がペラペラ
・日本人離れしている
・気が強そう
・家が金持ち
・恋人は外国人

真相はともかく、外国語、とりわけ英語が堪能というイメージは多くの人が持っているようです。僕が大学受験対策として通った予備校では、アメリカやイギリス、オーストラリアなどの英語圏からの帰国者がほとんどでした。また、ある大学の入試では、100名以上の帰国子女の中で、英語以外の言語で受験するのは僕だけでした。こうした状況を踏まえると、「海外帰国子女は英語が達者」といったイメージが定着しているのも理解できます。

ここで挙げたものに加えて、海外帰国子女は「グローバル化の担い手」として認識されていることも外せません。帰国子女として日本の学校や大学に進学された方であれば、「海外生活での経験と優れた語学力を活かして、日本の国際化に貢献してほしい」などと言われた経験があるのではないでしょうか。

さらにもう1つ。海外帰国子女は「海外生活を経験して得している」と思われがちでもあります。僕も日本に住んでいた頃、「弘太郎は海外生活が長くていいよなあ」と、何度も言われました。その理由を尋ねると、「だって、日本ではできないような経験をいっぱい積んでそうだから」、「生活環境が日本より良さそうだから」などの返答があったことを覚えています。

では、「海外帰国子女はグローバル化の担い手」で「海外生活を経験して得している」という他者目線は実際のところどうなのか、続いて検証していきましょう。

2 「海外帰国子女はグローバル化の旗手」なのか？

日本の教育機関の多くは帰国子女を受け入れることに積極的です。大学を含む日本の教育機関が帰国子女を受け入れる主な理由として、「海外での教育を通じて養われたユニークな素質や能力をもつ帰国子女を入学させることによって、多様性と相乗効果を高める」ことが挙げられるようです。※9まさに、グローバル化の担い手としての役割を期待しているように読み取れます。

ここで、統計上の海外帰国子女の数について確認しておきましょう。少し前のデータとなりますが、２０２０年における帰国児童生徒数は約1万１５００人※10で、そのうち小学生が占める割合は約６割。つまり、海外帰国子女の過半数は、小学生のうちに日本へ本帰国しています。

※9　筆者がインターネットで調査した結果に基づく。
※10　e-Stat 学校基本調査より

帰国した多くの子どもたちは、その後、日本で日本語中心の生活を送ることになるわけですから、海外で学んだ外国語や体得した多文化経験は、時の流れとともに自然と風化されていきます。語学力の維持向上を図るのであれば、帰国後も家庭教師をつけたり、インターナショナルスクールに通わせたりして積極的な対策を講じる必要がありそうです。つまり、海外帰国子女だからというだけで、何の努力もなしに海外での経験や語学力を活かせるとは限らないのです。

また、そもそも海外帰国子女であれば誰もが必ず自身の海外経験を活かさなければならないのでしょうか？　もちろん「グローバル化の担い手」として、自身の海外経験を武器に活躍している人は存在します。一方で、海外生活を通じて培ったスキルを活かすことなく人生を送っている人がいるのも事実です。バイリンガルであっても多言語を駆使する仕事に就かない人もいれば、海外経験が豊富でもグローバル化とは無縁の生活を送っている人もいます。周りの人からは「せっかくのスキルを活かさないのはもったいない」と残念がられるかもしれません。でも、当の本人は、その現状に満足していることもあるのです。

このように、一口に「海外帰国子女」といっても、そこには当然のことながら個人差があります。そこを理解しないまま、「海外帰国子女なのだから、グローバル化をけん引してほしい」などと枠に当てはめ、余計なプレッシャーを与えるのは、他者目線の押し付けなのではないでしょうか。

さて、「海外帰国子女はグローバル化の担い手なのか」について、担い手になるかならないかは、あくまで人それぞれ、個人の自由だと主張してきました。しかし、別の視座から考えると、「これからの時代は、海外帰国子女のみならず、誰もがグローバル化の担い手になることが求められる」という社会背景が見えてきます。

これまで、言語の壁や人種差別などは、どちらかといえば海外在住者特有の問題だと見なされていました。しかし、国同士の距離が近づき、「グローバル」がぐっと身近になった昨今においては、誰もがこうした問題と向き合わなければならなくなったのです。

「グローバル化の担い手」というとずいぶんハードルが高そうに思えますが、そんなことはありません。僕が最終章で提案する、「3つの能力」を身につけることで、誰もが地球人としてステップアップできるでしょう。

3 人と比べる必要はない

「生まれ育ちが海外」というだけで誤解されたり珍しがられたりするのは、海外帰国子女の宿命なのかもしれません。海外帰国子女と、そうでない人の間に妙な境界線が引かれてしまう状況を、僕は何度も経験しました。

例えば、「いいなあ、帰国子女は。ラクして日本の大学に入れてさ」——僕はこれまでにこの言葉を何回言われたことか。

先述したとおり、大学を含む日本の教育機関は帰国子女を積極的に受け入れています。日本の大学は受験に際して、「海外で何をどう学び、いかにして個性を身につけたのか」を知ろうとします。入試科目は一般的に、現代文、小論文、外国語、数学等（理系の場合）の筆記試験によって行われることが多いようです。僕がよく言われた「帰国子女はラクして……」というのは、筆記試験科目の少なさが背景としてあるのかもしれません。

でも、本当にラクして入学できるのかといえば、答えはもちろんNO！　帰国子女入試では、筆記試験の結果だけでなく、海外で納めた成績も含めて総合的に評価されます。つまり、海外の高等部に進学した時点で、帰国子女入試が始まっていると言っても過言ではないのです。

また、「海外経験は得する」という話もよく耳にします。でも、本当に海外の方が日本より生活環境がよく、日本ではかなわない経験を積めるものなのでしょうか？

ここで、アメリカ在住の中学生Aさんと、日本在住の中学生Bさんについて考えてみましょう。確かに、Aさんがアメリカの中学生活を通じて得たことは、Bさんは経験することができません。しかしAさんもまた、Bさんが日本の中学生活で経験したことを経験することができないのです。要するに、AさんもBさんも、それぞれの場所でそれぞれ貴重な経験を積んでいるのです。

もし日本在住のBさんがAさんのアメリカ生活をうらやましがるとしたら、それはBさんが「自分の日本での生活は、Aさんのアメリカでの生活に比べて価値がない」と思い込んでいるからではないでしょうか。自分とAさんの生活について、思い込みに基づいた判断基準で、「良い・悪い」、「上・下」などと優劣をつけてしまっているのです。しかし、それはあくまで主観の問題。日本とアメリカの生活を比較して優劣の判断をする客観的な根拠は存在しません。

憧れの海外生活を体験し、ラクして大学に受かる……なぜか僕たち海外帰国子女に向けられるのは、こうした羨望のまなざしです。その理由には、「帰国子女に関する情報が不足していること」も挙げられるでしょう。

ある大学の統計によると、全学生数に占める帰国子女の割合はわずか3～5%。割合的には少ないけれど、いや、少ないからこそ目立つ。しかし、その生い立ちや海外での生活などの実態が正しく理解されていないことが、勝手に美化されてしまったり、思い込みで優劣をつけてしまったりすることにつながっているのだと考えます。

僕から見れば、アメリカでの生活も、日本での生活も、どちらも魅力的です。隣の芝生が青く見える心理も理解できますが、誰かと不必要な比較をして、自分の経験に価値を見いださないのは、もったいないことです。

また、思い込みの判断基準で比較することは、場合によってはカテゴリー化や偏見、さらには差別を招きかねません。羨望が妬みや嫉妬を呼び、相手から嫌な思いをされたり、自分が相手に嫌な思いをさせたりした経験は、誰にでもあるのではないでしょうか。

繰り返しになりますが、「海外で生まれ育った」という事実のみをもって、その人が他の人と比べて特別な存在であるとする客観的な根拠はありません。どこでどのような人生を歩んでいるとしても、人間は1人ひとりが個性を持った存在です。自分にない能力をねたんだり、自分を卑下したりする必要はまったくなく、「自分の持ち味を活かす」という意味においては、可能性は誰にでも与えられていると意識しましょう。

4 自分の中に軸を築く

ここまで、他者目線から見た海外帰国子女について考えてきました。しかし、本章のはじめで述べたとおり、「本来の自分」を知るためには、他者目線と合わせて自己目線も必要です。

現在、僕はドイツで日本語・ドイツ語・英語を使い分けながら、在独日系企業に対するコンサルティングサービスを提供しています。「海外在住経験を活かせている」といえるかもしれません。でも、僕は幼いころから確固たる自分をもち、「将来はこんな仕事をしたい」と思っていたわけではありません。むしろその逆で、その時々で「自分は何者なのだろう」と揺れ動いてきました。

ここで、「自分は日本的か、ドイツ的か」というテーマを紹介したいと思います。ドイツで過ごした中学から高校時代、日本人仲間同士で「A君はどちらかというと日本的だよな」、「そんなB君は、日本人の前でもかなりドイツ的だな」といった会話が繰り広げられていました。

「ドイツで生まれ育った日本人であれば、日本とドイツの両要素を持ち合わせているだろう」と思われる方も多いかもしれません。確かに、言語に限っていえば、多くの場合はバイリンガルになります。しかし、成長過程のどこかのタイミングで、「自分はより日本的／ドイツ的だ」と自覚することがあるのです。少なくとも、僕の友人たちは、誰もが一度はこの問題に直面していました。

話を進める前に、何をもって「日本的」「ドイツ的」というのかを定義づけるべきなのですが、これがまた困難を極めます。なぜなら、定義は人によって異なるからです。

ここでいう「○○的」という捉え方は、当事者の性格や個人的な体験など、さまざまなものに影響を受けるため、当事者が100人いれば定義は100通り存在します。例えばA君とB君がともに「自分は日本的だ」と分析したとしても、それぞれの「日本的」の捉え方は微妙にズレているのが常です。A君から見ればB君はそれほど日本的ではないかもしれないし、逆も然りです。そしてもちろん、「自分は日本とドイツの両国の要素を持ち合わせている」と考えている人も存在します。ここでは便宜的に「どの国の言語を喋っている時や、どの国の人々と一緒にいる時に、自分がもっとも自分らしくいられる」と本人が感じるかを、「〇〇的」の判断基準としておきましょう。

ここからは、「自分は『〇〇的』である」と、「自分は海外帰国子女である」という事実がどのように関係し、当事者にどのような影響を及ぼすのか、僕のこれまでの歩みを参考にしながら考えていきたいと思います。結論から言うと、僕は「日本的」です。

僕は生まれがドイツですが、自我が芽生えたのは幼少期に過ごした日本であり、ドイツ語は小3で再びドイツに戻ってから初めて学びました。つまり、日本語が先行し、ドイツ語はあくまで外国語として学んだわけです。ドイツ語もそれなりに習得はしましたが、ドイツ語を使ってコミュニケーションをとることになかなか自信が持てず、引っ込み思案になっていました。

日常生活でのドイツ語力には特段の問題がないのに、いざという時に自信を持てない。このことにもっとも驚いたのは、僕自身でした。車に例えるならば、タイヤ（＝語彙力）もエンジン（＝文法力や表現力）も備わっているのに、カーナビ（＝自分を導いてくれる、ドイツでの経験をベースとした根本的な力）がないため、道に迷って途方に暮れている、といったところでしょうか。

それだけに、週に1回、補習校で日本語の世界に浸れるひと時は、まるでオアシスのようでした。実は大人になった今でも、当時のことが影を落としていると感じます。例えば職場のチームイベントなどは、過去にドイツ語に自信がなかったことがフラッシュバックされ、何かと理由を見つけて参加を断ろうとする自分がいます。逆に、日本人同士の集いであれば、その時間を心から満喫している自分に気づきます。

ギムナジウム高等部での僕は、交友関係のつまずきをきっかけに、勉強についていけなくなる一方。だからといって日本語に自信があったわけではなく、それはまるで、自分が日本とドイツのどちらの国においても異邦人であるかのような感覚でした。

この中途半端な状況を一刻も早く打破しなければと、とにかく焦っていました。授業についていけなかっただけに、僕は知識欲が旺盛でした。勉強への意欲はあるけれども、ドイツ語への不安が払しょくできない――その状態のままドイツの大学に進学しても、再び負の連鎖に陥るのではないかと恐れていました。

そして僕は、日本の大学に挑戦するためにギムナジウム卒業式の翌日、日本に帰国することにしました。僕は、自分の「軸」を構築するために、日本に帰ることを決意したのです。「まずは、日本の大学に入って、日本語を自分の軸としてしっかり確立させよう。そして、言語への抵抗をなくそう。そうしたら、波及的にドイツ語もまた頑張れるようになるだろう」と。

もっとも、同時期にアビトゥアを受けた日本人の友人は、僕の決断が理解しがたかったようでした。ドイツに何年も暮らし、ドイツの大学に進学することを決めた彼にとって、同じような境遇だったのに日本の大学を選んだ僕が不思議で仕方なかったのでしょう。

5 気持ちを整理する

「どの国の言語を喋っている時や、どの国の人々と一緒にいる時に、自分がもっとも自分らしくいられる」と本人が感じるかを、「〇〇的」の判断基準にすると先述しました。この判断基準に基づき、僕は自分のことを日本的であると考えています。僕にとっては、自分が日本的なのか、それともドイツ的なのかを理解することは、とても重要なことでした。なぜならば、「自分は日本的である」と結論づけたことが、結果的に、僕のドイツ語を向上させることにつながったからです。それは一体、どういうことでしょうか。

僕が「自分は日本的だ」と認識するようになる前は、悩みが尽きませんでした。「現地校での授業についていけない」、「日本で生まれ育った同年代と比べると、日本語力が劣る」、「友人関係が築けない」等々。とりわけ、ギムナジウム高等部の頃に抱えていた問題を挙げ出したらきりがありません。授業で学んだ内容を和訳するというかつての試みは失敗。せめて、学習内容をキャッチアップすればよかったのでしょうが、どこまで遡って勉強し直せばよいのか、わからない。それはまるで、道に迷った車が引き戻すタイミングを逃がして、永遠に迷い続けるような状況でした。

ドライブ中に道に迷ったことを嬉しく思う人はいません。当時の僕は何から手をつければよいのかわからず、同時に、このまま永遠に悩み続けるのも嫌でした。そこで、僕は日本を選んだのです。

決心するまでは、「日本語に専念したらドイツ語がますますダメになるのでは」という不安もありました。でも、このまま悩み続ければ、ドイツ語どころか日本語もダメになってしまう。当時の僕は、そこまで追い詰められていました。

そうした中、日本語に専念すると決めたことで、僕は「ドイツ語を忘れたらどうしよう」という悩みから解放されました。料理に例えるならば、今は使わない食材を冷凍保存したようなイメージでしょうか。冷凍保存中の食材のことを、「腐ってないだろうか？」と、いちいち心配しませんよね？　それと同じことです。

ドイツ語を久しぶりに冷凍庫から取り出したのが大学3年生のとき。冷凍していただけに鮮度が保たれており、ゼロからの再スタートという事態は避けられました。また、その頃は学ぶ姿勢が身についていたことも大きかったと思います。

かつての僕は、ドイツでの生活に自信が持てない自分にコンプレックスを抱いたこともありました。その壁を克服した者として、コンプレックスを抱いた場合は一度その場から離れてみるのも一手だと考えます。僕の場合は、大学時代に一旦ドイツ語を封印したことが、結果的にドイツ語向上につながりました。それもこれも、「自分は日本的だ」という考えのもと、レールを一本化したからです。

ちなみに、僕の生い立ちについて話すとき、よく次のような言葉を聞きます。

「なんだかんだ言って、中尾さんは優秀なんですよ。優秀で恵まれていたからこそ、『軸を定める』という判断を下すことができたんです。うちの子の場合、中尾さんと違って本当に大変なんです」

でも、仮に僕が本当に優秀だったのならば「ドイツ語は一旦冷凍保存して……」と遠回りはせず、効率よく進めることができたでしょう。だけど、そんな能力は僕には備わっていませんでした。優秀ではなかったからこそ、「軸を定める」という決断をするほかに道がなかったのです。さらに言えば、当時の僕は「大変だ」などと嘆いている余裕すらないほど、窮地に追い込まれていたのです。

繰り返しとなりますが、この「自分は○○的か」という問いには、海外で生まれ育った方であればほぼ確実に直面します。そこで僕は、フランクフルト補習授業校を卒業したOBにこの問いを投げかけてみることにしました。得られた回答は、とても興味深いものでした。

Aさん（国際児）

日本にいる時はドイツ人扱いされ、ドイツにいる時は日本人扱いされるんですよね。でも、最終的には（いい意味で）どちらでもいいのかなと、割り切るようになりました。

Bさん（日本人）

私は日本的です。国籍も日本、両親も日本人である上、容姿もまったくの日本

人。なのに「ドイツに住んでいるから日本語が変だね」と言われたくないプライドがあり、日本語は猛勉強しました。

Cさん（国際児）

日本とドイツの両国籍を保有しています。自分の中では「自分は日本的なのか、ドイツ的なのか」という問いに対する答えは、まだ出ていません。

Dさん（国際児）

「自分は日本的なのか、ドイツ的なのか」ということについて、長い間悩みました。私の場合、外見から「国際児」として見られてしまうんですよね。そうした中、日本滞在中に「（国際児ではなく）日本人だよね？」と言われたことがあり、それを機に肩の荷が下りた記憶があります。今は、日本では日本人として、そしてドイツではドイツ人としての自分でいられます。

皆さんがそれぞれの気持ちを抱えながら、自分なりの答えを導き出すために模索している様子が伝わってきますね。

なお、ＯＢの方々の回答については、僕も常日頃から思っているところでもあるので、少し補足させてください。「自分は○○的」という認識は、自分がどの国によりシンパシーを感じるかにも左右されます。国とは多くの場合、国境によって分断されています。でも国境とは、例えばヨーロッパの歴史を振り返ればわかるとおり、人為的に引かれたものです。つまり、国とは元々そこに存在したのではなく、あくまで人間が人為的に作り上げ、今もなお変動しうる流動的なものなのです。

僕の場合は「自分は日本的だ」という答えを出したわけですが、仮にまだ模索している場合は、あえて答えを出す必要もないのかもしれません。答えを出すための根拠が人為的かつ流動的なのですから。

6

海外帰国子女とは結局、何なのか

海外帰国子女とは結局、何なのでしょうか。海外帰国子女が置かれている立場について、本章の最後に今一度考察しましょう。

海外帰国子女を取り巻く環境を理解するには、少なくとも次の要素を考慮する必要があります。

- **教育環境**
- **在外年数**
- **個人的な体験**

一言で「海外帰国子女」といっても、本人が現地校に通っていたのか、それともインターナショナルスクールに通っていたのかで、状況は変わります。前者であったとしても、通っていた現地校の種類も大きく影響します。

例えばドイツの場合、一般的にギムナジウムには大学への進学を視野に入れた生徒が通うのに対し、実科学校や基幹学校は高校卒業とともに社会に出るケースが多いといえます。そのため、どの学校種を選ぶかによって、勉強や就職、さらには人生そのものに関する生徒の視点が変わってきます。

また、在外年数も考慮しなければなりません。例えば「在外年数5年」といっても、それが幼少期の5年なのか、思春期での5年なのかで、本人が得る経験は変わってきます。これは本人次第なので一概には言えませんが、「幼少期に経験したつらさは時間の経過に伴って忘れられたけれど、思春期のつらさは心に傷を残した」といった事態が起こり得るのです。

さらには、海外在住中に何を感じたのか、個人的な体験も大事な要素です。自信に満ちた生活を送られたのか、それともコンプレックスを抱くことがあったのか。この個人的な体験こそ、僕から見ればもっとも重要な要因です。周りから羨ましがられるような学校に通い、十分に語学を習得できたとしても、嫌な体験を重ねて現地の生活に馴染めなかった場合は、本人の人格形成に多大な影響を及ぼすでしょう。

このように、一般的に「国際性が豊か・語学が堪能」などと思われがちな海外帰国子女ですが、状況によっては必ずしもそうではなく、あくまで人それぞれです。

そもそも、人間は海外帰国子女であろうとなかろうと、生きていれば誰だって嬉しい経験もつらい経験もするものです。人が抱く喜びや悲しみに優劣はありません。海外帰国子女が抱える悩みの方が、日本で生まれ育った人の悩みより重い・軽いということはなく、そこからは、「海外帰国子女とそうでない人の間に大差はない」という結論が導き出せます。

そう考えると、海外帰国子女自身が特別なのではなく、実態を理解していない人々が海外帰国子女を特別視しているだけなのかもしれません。他者が根拠なく海外帰国子女を過大評価し、それが海外帰国子女を苦しめることにつながるとしたら、そうした他者目線は歓迎できません。

とはいえ、自分がどのような人間なのかについて考える際は、自己目線だけではなく、他者目線も考慮する必要があるのも確かです。繰り返しとなりますが、自己目線と他者目線は多くの場合異なるものであり、後者を積極的に受け入れることが解決の糸口となることもあります。僕自身、留学生のピーターから「コータローのドイツ語はまったく問題ない」と言われて救われた経験がありました。強いて言うのであれば、日本で生まれ育った人と比較した場合、海外帰国子女に関しては、他者目線が肯定的なものから否定的なものまでと、より広範囲に及ぶのかもしれません。

絶対数は少なく、割合的には少数派であるものの、「自己主張が強い」や「外国語が達者」など、何かと目立つ存在と捉えられがちな海外帰国子女。そうした点も、広範な他者目線へとつながっているのではないでしょうか。

キザな表現となりますが、人間は誰もが「自分探しの旅人」であると、僕は考えています。「自分は何者なのか」という問いに対する答えをすぐに見いだせる場合もあれば、そうでない場合もあります。自己目線と他者目線を照らし合わせながら、自分という存在を認識していくのです。

では、子どもが自分探しの最中に道に迷った場合、親としてはどのようなサポートをしてあげられるのでしょうか？　僕の親の場合、「人生のステップについて子どもなりに熟考しているのだから、挫折は覚悟の上で、本人が決めたことを尊重しよう」と考えていてくれたと思います。

例えば、大学選び。僕はアビトゥアを取得し、ドイツの大学に入る資格を有していました。にもかかわらず「日本の大学に入りたい」という意思を伝えた際、僕の両親は「なんでドイツの大学に入ろうとしないんだ?」などと追及することはありませんでした。

もちろん、子どもが言ったことすべてをそのまま受け入れなくてはならない、というわけではありません。軌道修正が必要なときは、親による介入もあってしかるべきでしょう。子どもの意見をどこまで尊重し、どこから親が介入するかは各家庭によって異なり、普遍的な基準を設けることはできないと、僕は考えます。また、尊重と介入の境界線は、子どもの成長に伴って変動するものであるとも思います。

僕は「自分は日本的か、ドイツ的か」という話を親とした記憶はありません。その問題に直面した当時、僕が反抗期真っ只中だったこともあり、友達との議論を優先したというのが正直なところです。ただ、親が常に見守っていてくれたからこそ、日本の大学に挑戦したい旨を伝えた際に何も言ってこなかったのだと、今となっては思います。

僕の子どもたちも、いずれは「自分は何者なのか」という疑問を抱くことになるでしょう。そのとき、僕は根掘り葉掘り尋ねてしまうと思います。僕自身が通ってきた道なので、興味があるのです。でも、あくまで聞き役に徹し、結論を促すようなことはしないつもりです。それは、環境や、それまでに積んできた経験などによって、「自分は何者なのか」という問いに対する見解は変わるものだとわかっているからです。「自分は何者なのか」について、子どもたちの意見がどのように形成され、どのように変化していくか、とても楽しみです。

第5章 親として何ができるか

1 ダブルスクールへの悩み

子どもが親元を離れるまでは、いや、親元を離れた後だって、「子どものことで頭がいっぱい」というのが親心。どこで暮らしているかにかかわらず、子育てには悩みがつきものです。そこに「海外在住」という要素が加わると、言語に関する不安や心配事も抱えることになるのではないでしょうか。

ドイツにおいて「現地校＋補習校」のダブルスクール生活を送っている場合、子どもが現地校に通っている日数は1年の約52％、対する補習校は1年の約11％です。「日本語をいかに維持向上させるか」という課題に直面すると同時に、「いかにして、現地校で学ぶに耐えうる語学力を習得させるか」という2つの壁が立ちはだかります。つまり、現地校と補習校の両立です。

「自分の意思を十分に伝えられるほどの言語力があるか心配だ」

「宿題が多くて、現地校と補習校を両立できていない」
「子どもが『学校に通いたくない』と訴えている」

こうした悩みの解決に向けて、当事者全員が同じ方向を向いているとは限りません。「よかれと思って言っているのに！」、「お母さんにそんなふうに言われたくない」といった応酬は、どんな親子も一度は経験したことがあるはずです。

また、ドイツで日本人もしくは国際児である子どもの育児に励む親御さんたちと意見交換する機会をもったとき、僕は、彼らの心の叫びを聞いた気がします。

「補習校の先生から、『日本人のお子さんに比べて、語彙力が足りない』と指摘されました。ドイツ人の夫は『無理して通わせるくらいなら、補習校は辞めさせるべきだ』という意見。日本人の母親としてはぜひ続けてもらいたいと思っており、どうすればよいか悩んでいます」

「うちの子は現地校よりも補習校の方が好き。友達も補習校の方が多く、現地校

に通うのは明らかにつらそうです。親としては、なんとか両立してもらいたいと願ってはいるものの、これといった手立てが見えない状況です」

「わが家は日本に本帰国する予定がないせいか、日本語を学ぶためのモチベーションが下がりがち。また、思春期ということもあり、親の指図には従わなくなってきました。親はいかにして子どもの勉強に関与すべきでしょうか」

どれも、他人事とは思えません。子どもが言葉の壁や友人関係に起因するストレス、または勉強の両立などの課題と向き合わなければならない現状に、親として頭を悩ませている様子でした。また多くの場合、親自身が海外で生まれ育つ経験をしていない方ほど、不安を抱きやすいのではと感じました。

こうした状況に唯一の処方箋が存在しないことは、僕自身も経験者として知っています。本章では、僕以外のダブルスクール経験者の体験談も交えながら、海外に在住する親子の心境に迫るとともに、問題に直面したときに、親子でどのように対処すればよいかを考えていきましょう。

2 補習校について悩んでいるのは、実は親だけ？

僕は以前から、次のような疑問を抱いていました。

・親は、子どもが海外でダブルスクールしている状況を、どのように認識しているのだろう。
・子どもは、自分が海外でダブルスクールしている状況を、どのように認識しているのだろう。

そこで僕は、自分が管理しているＳＮＳのグループ内でアンケートを実施しました。すると、ダブルスクールすることについて、親と子では認識が異なっていることが判明したのです。

ご協力いただいたのは次の２つのグループに所属している方々です。１つ目のグループ（Aグループ）は、現在、主に海外で育児に励む日本人や、国際結婚をした方々です。もう1つのグループ（Bグループ）は、フランクフルト補習授業校のOB。このA、B、2つのグループに対して、僕は以下の質問を投げかけました。

①現地校について

〔親への質問〕

子どもは「現地校に通うのは嫌だ」と考えていると思うか。

〔OBへの質問〕

自分は現地校に通うのが嫌だったか。

②補習校について

〔親への質問〕

子どもは「補習校に通うのは嫌だ」と考えていると思うか。

〔OBへの質問〕

現地校について	「うちの子は、現地校に通うのを嫌がっている」と答えた親の割合（n=47）	15%
	「私・僕は、現地校に通うのが嫌だった」と答えたOBの割合（n=21）	48%
補習校について	「うちの子は、補習校に通うのを嫌がっている」と答えた親の割合（n=35）	40%
	「私・僕は、補習校に通うのが嫌だった」と答えたOBの割合（n=21）	29%

図 5-1　アンケートの回答結果

自分は補習校に通うのが嫌だったか。

Aグループが5～10歳の子どもをもつ親を中心としたグループであるのに対し、Bグループは現在30歳以上の方々からなります。つまり、Bグループの方々がドイツで学校生活を送っていたのは、1980～90年代のこと。

当時と現在では、ドイツにおける日本人社会を取り巻く環境が異なっているため、単純比較はできません。しかし、子どもという存在を、本人および親というレンズを通して捉えた場合、そこには時代や世代を超えた共通点もあるのではないかと思い、あえて比較してみることにしました。

回答をまとめたものが、図5－1です。この結果からわかるのは、ダブルスクールすることに関する親子間の見解の不一致です。

まず、現地校について。「うちの子は、現地校に通うのを嫌がっている」と答えた親の割合が15％と少数派であるのに対し、実際に現地校に通ったOBの半数近く（48％）が、「現地校に通うのが嫌だった」と回答しています。

一方、補習校については逆の現象が起きています。4割の親が「うちの子は、補習校に通うのを嫌がっている」と回答しているのに対し、「補習校に通うのは嫌だった」と答えたOBの割合は29％です。

アンケート結果を見る限り、多くの親は「うちの子は現地校で楽しくやっているだろう」と思っているけれども、子どもたちは、親が思っている以上に現地校生活にストレスを感じています。逆に、補習校に関しては、親が思っているほど子どもは補習校を苦に思っていないにも関わらず、親は「うちの子は補習校を嫌がっている」と考えているのです。

この見解のズレは、なぜ生じているのでしょうか。これは僕の想像の限りですが、もしかしたら、親は次のように考えているのかもしれません。

「子どもは1年の半分以上を現地校で送っているのだから、小さな悩みや問題はその都度あるとしても、全体的に見れば楽しくやっているに違いない」

「補習校に通う日数が1年に占める割合は約1割程度であるにもかかわらず、勉強内容や宿題が多く、子どもは苦しんでいるに違いない」

実際に現地校や補習校に通う子どもたちは、どう考えているのでしょう。僕自身は、現地校に慣れるまでの苦悩や、慣れた後も繰り返される偏見や差別、ドイツ語に対する自信のなさが原因で勉強についていけなくなった高校時代など、現地校を辞めたい思ったことを数え始めたらきりがありません。

かといって、現地校を辞めてインターナショナルスクールや日本人学校に転校したとしても、そこで楽しくやっていける自信も保証もなく、結局は現状を受け入れざるを得ませんでした。

そんな僕にとって補習校は、「似たような境遇にいる仲間と週に1回会える」という、まるでオアシスのような場所でした。特に当時は、平日はインターナショナルスクールに通っている生徒が過半数を占めていて、僕のように現地校に通う生徒は少数派でした。だからこそ少数派による連帯感は強く、同じく現地校に通っている生徒とは、とりわけ深い絆で結ばれていたのです。

親が思うほど子どもは補習校を嫌がっていないにもかかわらず、親が「うちの子は補習校を嫌がっている」と思う背景には、おそらく「宿題」があります。親は宿題に付き添う立場として、膨大な量の宿題に悩まされているのでしょう。補習校では、限られた期間内に1年分の学習内容を学ぶため、学習ペースが速く、授業内に扱いきれない内容は各自でカバーしなければなりません。そのため、かなりの量の宿題が課されるのが常です。

しかし、アンケート結果からは、目の前の苦労に耐えてでも補習校に通い続けたいと考えている子どもの姿が見えてきます。現に、僕の補習校時代における友人の多くが、「補習校はつらかったけれど、楽しかった」、「補習校があったからこそ、現地校で頑張ることができた」と、口を揃えて言うのです。そう考えると、補習校を嫌がっているのは、実際に通っている子どもたちではなく、実は親の方なのかもしれませんね。

また、先のアンケートからは興味深い回答も得られました。「自分と似たような人生（海外生活・ダブルスクールなど）を、自分の子どもにも歩ませたいと思うか」とＯＢに質問したところ、80％から「はい」という肯定的な回答が得られたのです。

海外在住中は語学の問題や差別などに散々苦しんだ経験を持つＯＢでさえも「自分の子どもにも同じような経験を積ませたい」と回答していたことが印象的でした。目下の悩みはありながらも、長期的に見れば、海外生活における喜びや悲しみなどのすべての体験が、人間の人生を豊かにしてくれる要素であることを如実に物語っているのではないでしょうか。

3 悩みの棚卸し

海外生活の悩み、とりわけ子どものダブルスクールに関することは、多くの親子が共通して抱える悩みだと、おわかりいただけたと思います。さらに、親と子では、時に「問題」として捉えている内容がズレているケースもあるようです。

言語習得に限ったことではなく、子どもが困難に直面した際、親であれば誰もが「自分には何ができるか？」と考え、手を差し伸べようとすることでしょう。でも、現実問題として、子どもの抱える悩みのすべてを親が解決できるとは限りません。僕は、「親として何ができるか」と同じぐらい、「親として何ができないか」についても考えることが重要だと思っています。

勉強が、いい例です。幼いうちは親が子どもの勉強を見てあげることもできます。でも、子どもの進級とともに学習内容は難しくなり、いずれは親が教えられるレベルを超えてしまいます。それに、子どもが反抗期を迎えると、勉強だけで

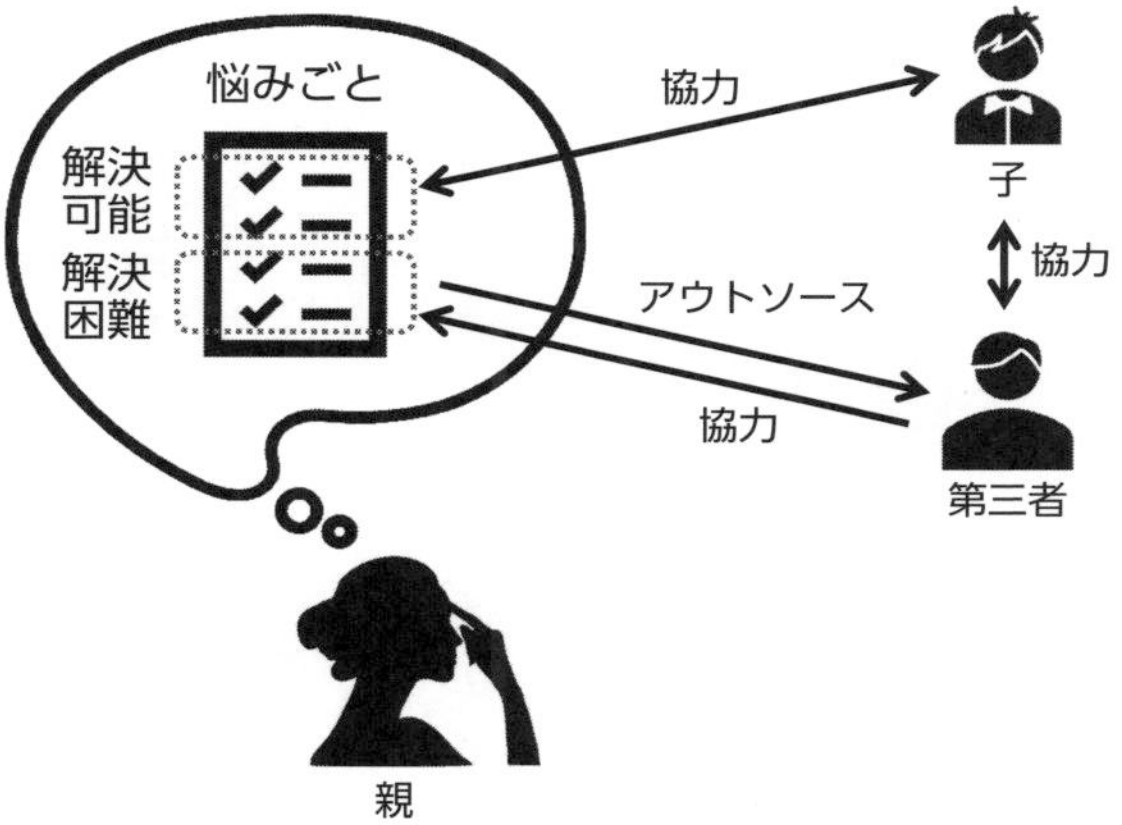

図 5-2　悩みの棚卸し

なく、親の話のありとあらゆることを拒絶するようになります。

つまり、親にはどうにもならないことがあるのです。悩んでもどうにもならないことについて時間を費やすのは、非常にもったいない。そこで、自分が親としてできることと、できないことを分別してしまいましょう。このプロセスを、僕は「悩みの棚卸し」と呼んでいます（図5－2）。

まず、子どもの成長や教育について、抱えている問題をその都度リストアップします。次に、リストアップした問題を、親として解決できるものと、できないものに分別。前者については、具体的な方法を、子どもと一緒に考えます。後者については、親としての自分が解決する以外の道を模索。

例えば、僕の子どもが英語の学習で悩んでいるとしましょう。現地校の個人面談などに出席して、先生に相談するのは親の僕がすべきことです。また、自分の経験に基づいて、アドバイスすることもできます。

一方で、教育制度や学習内容などの細かい点は、僕の子ども時代とは変わっており、すべてをキャッチアップするのは難しい。つまり、僕だけでは解決困難です。そこで、第三者に協力を求めます。英語学習であれば、今は優れた動画学習サイトなどが星の数ほど存在しますよね。さらに、「どのサイトがよいか」を選ぶのも、われわれ大人より、リアルタイムで学んでいる子どもたちのほうが詳しいものです。なので、「友達のアンナは英語が得意なんだよね？　じゃあ、どの学習サイトがいいのか、聞いてごらん」などと、子どもに提案します。

親も一緒に神経をすり減らしていると、子どもは余計な不安を抱いてしまうと思うのです。だから、すべての問題を抱え込むのではなく、悩みの棚卸しを通じて、親としてやるべきこと・できることにフォーカスしてはいかがでしょうか。

4 いつだって親は子どもの味方

では、親ができること、親だからこそすべきこととは何でしょうか。その代表的なことが、子どもを守ること、子どもの味方になることだと、僕は考えています。

僕の小学生時代、ドイツに来てまだ間もない頃、こんなことがありました。家族で近所のプールに遊びに行った時のことです。ベンチに座って休んでいると、どこからか、サッカーボールが僕に向かってものすごい勢いで飛んできたのです。僕はボールをよけることができず、気がついたときには、ボールは僕の顔面を直撃していました。

どうやら、芝生でサッカーをしていた少年たちが誤って、僕らがいる方向にボールを蹴ってしまったようです。顔に重い衝撃を受け、何が起きたのかわからず、ただ茫然とするばかりの僕。でも、母は違いました。ボールが僕を直撃するや否や、母はサッカー少年たちに向かって鬼の形相で、こう、まくし立てたのです。

「ちょっとアンタたち！ 何やってんの!! 小さい子どもがいるんだから、気をつけなさいよ！」

ドイツ語で？ いやいや、日本語で！

サッカー少年たちも、日本語でブチ切れられたのは初体験だったことでしょう。話の内容こそは理解できなくても、母のあまりの剣幕ぶりに、すっかり怖気づいた様子です。僕の方は幸い大事には至らなかったのですが、母は少年たちをギロリと睨みながら、僕を連れてその場を去ったのでした。

サッカーボールの顔面直撃と母ちゃんブチ切れというダブルインパクトであっただけに、その時の光景は今もなお鮮明に覚えています。語学力は完璧である必要はなく、相手に伝えようとする気持ちと熱意がコミュニケーションの重要な要素なのだと、母から学びました。

一方、父との間にも、思い出深いやり取りがあります。第1章で述べたように、僕はギムナジウムの高等部時代にドロップアウトしてしまいました。そんな僕を救ってくれたのが、音楽でした。でも、音楽活動にのめり込めばのめり込むほど、同級生との関わりを避けるようになってしまったのも事実です。中途半端に関わることによって、自分がまた自信喪失に陥ることを恐れていたのだと思います。

同時期、姉がアビトゥアを取得し、日本の大学に進学しました。このことも、僕のギムナジウム嫌いに拍車をかけ、12年生になる頃には、とうとう限界を迎えてしまったのです。「もう本当に嫌だ。アビトゥアなんてどうでもいいから、今すぐにでも日本に帰って、日本の大学にチャレンジしたい。それか、今からピアノを習って、こっちの音大に進学して、将来はプロのギタリストになりたい」――なんとも世間知らず丸出しの発言ですが、こんなことを本気で考えていたのです。

そんな僕に向かって、父はたった一言、こう言いました。

「まぁ、そう言うな」

一見、なんてことない発言に思えるかもしれません。でも僕は、まるでハンマーで頭を殴られたような衝撃を受けました。父の「そう言うな」は、僕にとって実に多くの意味を含んでいたのです。

「ここまで頑張ったのだから、そう言うな」、「あともう少しなのだから、そう言うな」、「これからの人生、さらなる試練が待ち受けているのだから、そう言うな」……12年生の頃の僕といえば、しつこい反抗期が続いており、両親とはまともな会話を交わしていませんでした。でも、父の一言で「つらいのは決して自分だけではなく、親も共に歩んでくれていたのだ」ということに気づきました。その後、僕は言い訳もせず、アビトゥアの勉強にようやく本腰を入れたのでした。

子どもが悩み、困っているときには、すかさず手を差し伸べる。子どもを無条件に守ると態度で示すのが親の責務であると、僕は両親から学んだ気がします。

5 親の背を見て子は育つ

「料理人である父が、毎晩遅くまでスープの研究に励む姿に魅了され、自分も料理の道に進むことを決心した」というような話を耳にすることがあると思います。僕も、親の影響を受けた子どもの1人です。

僕の両親は、僕がドイツの生活を送りやすいようにさまざまなサポートをしてくれました。例えば、ドイツに来たばかりの頃や、ギムナジウムでのドイツ語のテストで6（日本でいえば0点）を取った際には、家庭教師をつけてくれました。そうしたサポートにも感謝していますが、僕にとって、より嬉しかったのは、「何かにのめり込むことの大切さ」を親から学んだことです。

両親は、大の音楽好きでした。平日の午後や週末になると、居間からは常に音楽が流れていましたし、自慢のレコードコレクションは増える一方。さらに、父は家で趣味のギターを弾いていたため、僕は幼い頃から音楽を身近なものに感じていました。

また、音楽ファンであると同時に読書家でもあった両親は、時間さえあれば読書にふけっていました。棚やテーブルの上には読みかけの本が常に置かれ、1週間もすると、今度は新たに読み始めた本に置き替わっていたのを覚えています。「ドラえもん事件」を機に僕は読書に目覚めたわけですが、その下地は、読書をたしなむ親の姿を目にしていた頃から、すでにできあがっていたのでしょう。

物事にのめり込むことの楽しさに気づいた僕は、ギターと読書に傾倒していきました。さらに、ギターや読書にハマっていくにつれ、「もっと他のことも極めたい！」というチャレンジ精神が芽生えてきたのです。そこで僕が新たに始めたことの1つが、日記です。仕事はもちろん、ランニング、読書、ギター、日記、勉強……僕が今、のめり込んでいることを挙げ出したら、きりがありません。その発端が、両親の何気ない日常であったことを考えると、親が子どもに与える影響には、計り知れないものがありますね。親が子どもに背中を見せることも、親ができることの1つでしょう。

6 子どもに挑戦を促す

突然ですが、「枝毛」について語らせてください。

水分の流出によって髪が傷み、その結果としてできてしまう枝毛に悩まされている方は、多くいらっしゃると思います。では、その枝毛をどうすべきか。「とりあえず何とかしたい」という衝動から、ハサミで切ってしまう方もいるのではないでしょうか。しかしそれは、その場しのぎの対応であり、数日後にはまた新たな枝毛ができているのがオチです。枝毛を予防するには、髪表面のキューティクルを守るべく、ヘアカラーの頻度を減らす、または力任せにブラッシングしないなど、抜本的な対策が必要です。

子育てと枝毛対策、共通点があると考えるのは、僕だけでしょうか。子どもが学校で悪い成績をとったり、習い事の練習に身が入らなかったりすると、親としてはどうしても焦燥感に駆られてしまいがちです。少なくとも、僕の場合はそうです。

でも、「勉強しなさい！」と声を荒らげて強制することは、根本的な対策になるでしょうか。子どもの成績や習い事の練習のことを親が必要以上に不安視したり、勉強や練習を強制したりすることは、子どもにはかえって悪影響かもしれません。

僕は、習い事を決める際の判断基準は、あくまで「子どもが関心を持つかどうか」だと考えます。僕自身がそうであったように、人間は、自分の関心事を追求することによって、物事に真剣に取り組む姿勢を身につけます。そして、その前向きな姿勢がやがて、「他分野にも挑戦してみよう」というチャレンジ精神につながります。

このプロセスにおける親の役割とは、子どもの好奇心を掻き立てるような環境を整え、子どもの「やる気スイッチ」が入るまで、陰ながら支えてあげることではないでしょうか。子ども自らが勉強や習い事に興味を持ち、未知なる世界を自ら進んで開拓していけるように仕向けることこそ、親が向き合うべき解決策ではないかと、僕は思うのです。

7 遠回りして近道する

何事においても最短ルートがもっとも望ましいと考えるのは、僕だけではないはず。子どものことでも、最短ルートを意識してしまう傾向はありませんか？親は、「テストで高得点を取ってもらいたい」とか、「ダブルスクール生活を円滑に進めてもらいたい」などと、つい期待を寄せがちです。

最短ルートを狙うこと自体は決して悪いことではなく、できるならばそうしたいところ。図５－３の場合、直線矢印をたどることでゴールに到達したいと、誰もが願っているわけです。しかし、いつもうまくいくとは限らないのが、世の常というもの。直行ルートから外れたり、さまよった先で障害物に遭遇したりと、人生はむしろ困難に直面することのほうが多いのではないでしょうか。

では、そんな障害物や困難は、必ず回避すべきものでしょうか？僕は、そう思いません。遠回りすることで、遠回りしなければ得ることのなかった気づきに

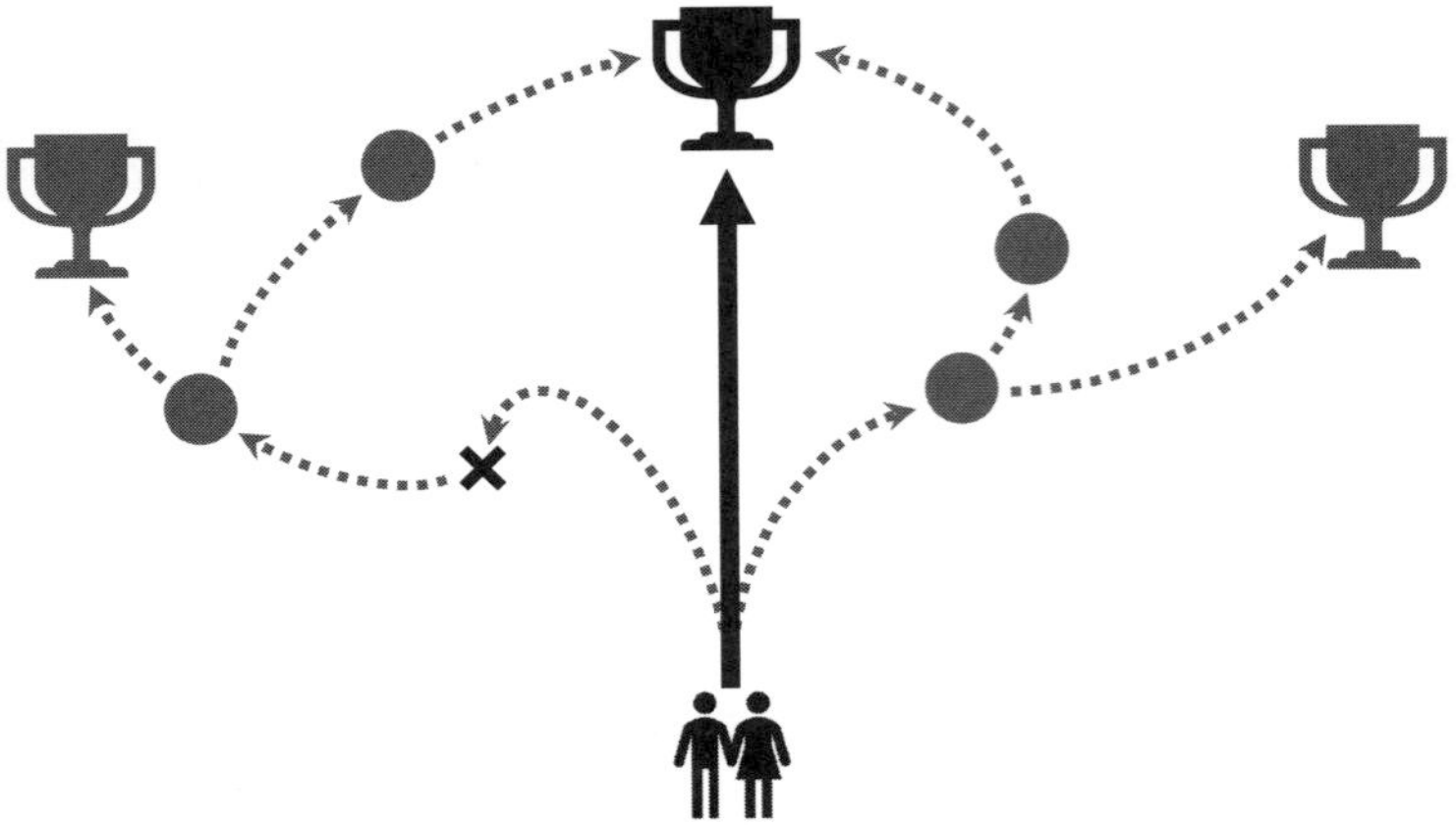

図 5-3　遠回りから新たなゴールが見つかることもある

巡り会ったり、それがきっかけで新たなゴールが見えてくるかもしれないからです。

目的地へ向かっている時に道に迷うと、心細くなるものです。でも、肝心なのは、ゴールまでの時間や距離ではなく、ゴールにたどり着くまでの道のりで起こるさまざまな出来事に気づき、そこに意味を持たせること。そして、「遠回りしてもよかったんだ」という安心感を得ることではないでしょうか。

僕は小学3年の夏に再び来独した際に、ドイツがまったく解せないという理由で、現地校の学年を1年下げました。それは、一見すると遠回りのように思えるかもしれません。でも、嬉しいこともあったのです。それは、算数。補習校はそのまま3年生に編入したので、現地校で学ぶ算数の内容のほとんどは、すでに補習校で学習済みでした。そのため、不慣れなドイツ語に苦戦しながら学ぶという事態は、算数に限っては免れたのです。算数でのアドバンテージがあったおかげで時間的にも気持ち的にも余裕が生まれ、週3回ドイツ語を習うこともできました。

現地校での学年を1年下げても、ドイツ語の習得や、日本語とドイツ語の両立などについて苦労したわけですから、学年を下げていなければストレスはもっと大きかったはずです。そう考えると、学年を1年下げたことは、僕にとっては遠回りではなく、実は近道だったのかもしれません。

現在2児の父親となった僕が常に心がけていることは、「物事を長いスパンで考える」です。すべてにおいて最短ルートを目指すのではなく、「遠回りすることにも意義がある」ということを、子どもたちに伝えられるような父親になりたいと努力しています。

8

問題を可視化する

子に関する悩みを棚卸しして、親ができること、親がすべきことが見えてきたら、次はそれを実行に移しましょう。とはいっても、問題にやみくもに対処しようとするのは効率的ではありません。まずは、自分が抱える悩みや課題、やるべきことを整理するところから始めましょう。ここでは、僕が日ごろから取り組んでいる「3つ〇表」を紹介します。

3つ〇表とは、やるべきことを書き出し、それができたら〇を付けるという進捗管理のツールです。「英語の宿題を確認する」、「補習校への送迎」、「本の読み聞かせをする」といったものでしょうか。ポイントは、やるべきことのうち、1日に必ず3つはクリアすること。2つだと少なすぎるし、4つだと多すぎる。3つは、背伸びすれば届くゴールということです。

リストアップすることは、多ければ多いほどいいです。「やるべきことがこん

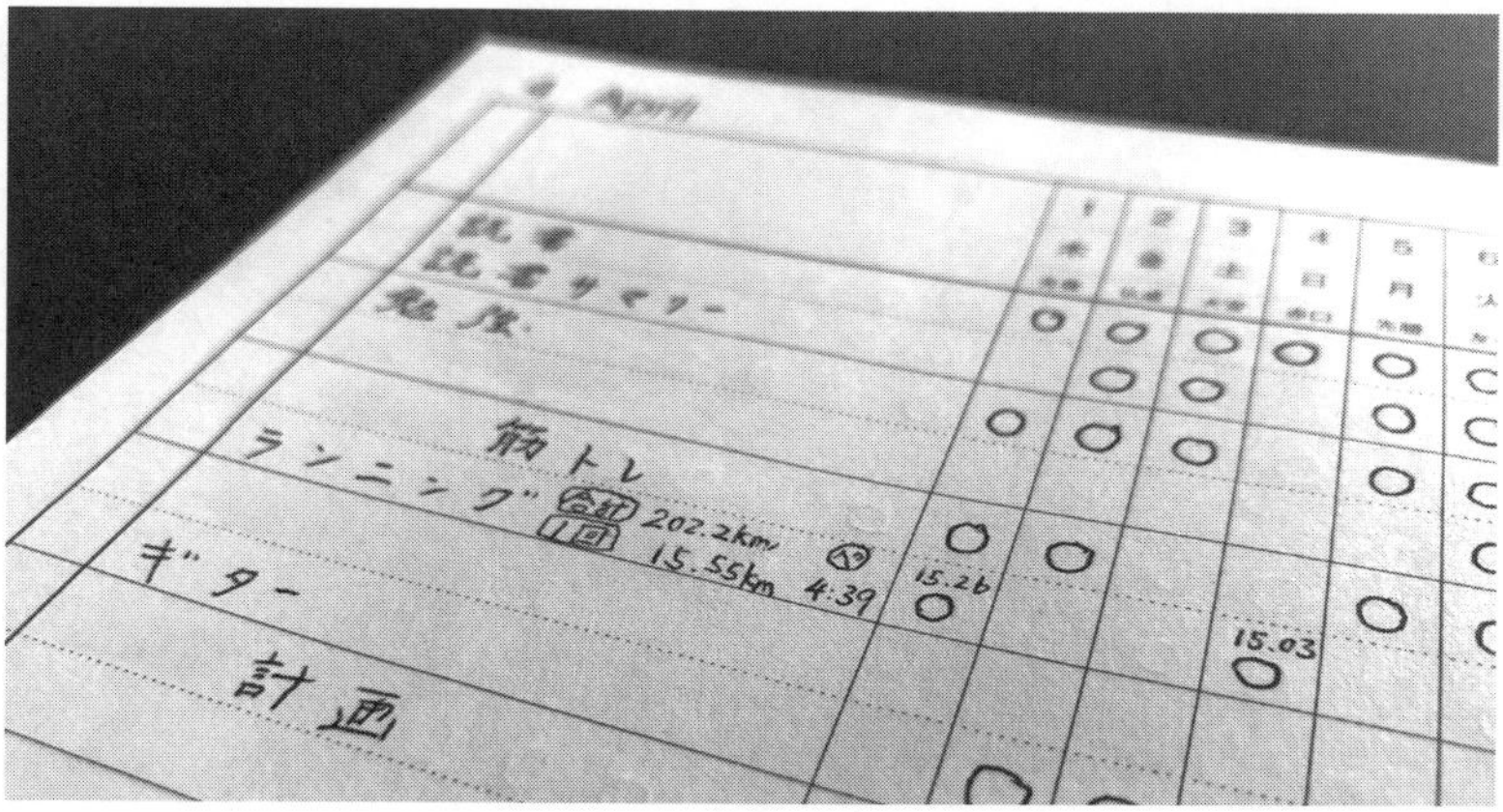

図 5-4　著者が実際に使っている「３つ○表」

なに沢山ある中、今日は３つもクリアできた」という達成感を味わえます。小さな一歩の積み重ねが、大きな成長につながる実感を持てるでしょう。

　僕は普段から３つ○表を活用しています。厳密にいうと、独立してから使い始めました。経営者にもなれば、今までは意識していなかったような仕事上の問題にも対応する必要が生じるし、ワークライフバランスを保つことも重要な任務となります。

　例えば、プライベートでは、読書やランニングなどをリストアップ（図５－４）。忙しいスケジュールの合間を縫って読書できたら、そこに○をつけます。こうして1日に3つの○がつくと、「よし、やった！　自分との約束が守れたぞ」とテンションが上がるものです。

可視化することのインパクトは絶大です。僕も始めた当初は、「しょせん自分との約束。周りの人は知り得ないのだから、守らなくたって、誰からも何とも言われないもんね」などと軽く考えていましたが、いざ、やるべきことを可視化すると、自然とパワーがみなぎってくるものです。「今日はまだ○を2つしかゲットしていない！　次は何をしよう？」と、ゲーム感覚で挑めます。

まず、目先の問題を整理するために、3つ○表を導入してみてはいかがでしょうか。親が活用するのはもちろんのこと、子どもを含めた家族みんなで取り組んで、お互いに確認し合ってもいいかもしれませんね。「え、こんな初歩的なこと?!」と思ったかもしれませんが、僕はこの方法で、「自分の本を出版する」という長年の夢を実現させましたよ。

9 親を悩ませる子どもの反抗期

親は親なりに悩み、何とかしようと考えているというのに、子どもとは時に残酷なものです。親の愛情に甘んじて八つ当たりしたり、親に対してうっとおしそうな視線を向けたり。僕も、ギムナジウム生活が軌道に乗り始めた6、7年生の頃は、ドイツ語に対する不安が和らぎ、心に余裕ができたのか、母に当たるようになりました。母がドイツ語を使おうとしないことに不満を感じていたのです。

例えば、電話応対。母は、ドイツでも電話に出る際の第一声は「もしもし」でした。当然、電話をかけてきた僕の友達は驚き、「ねぇ、コータローの母ちゃん、電話でいつも『ムーシームーシー』って言うよね。なんで?」と、翌日に学校で尋ねてくるわけです。もちろん、友達に悪気があったわけではなく、当時はまだ珍しかった日本語の響きに純粋な関心を示していただけです。だけど僕は、その状況をただただ恥ずかしいとしか思えませんでした。

今ならわかりますが、母は「ドイツ語が話せないから」ではなく、あくまでポリシーとして、電話には日本語で応対していたのです。ドイツ在住といえども、日本人からの電話が多かったので、当然のことですよね。

でも、当時の僕にはそんな事情は理解できず。「ここはドイツなんだから、ドイツ語で応対すべき」という固定観念と、友達から指摘される羞恥心が相まって母に対する怒りとなり、「電話に『もしもし』と出ないで！『Hallo《ハロー》』とか『Guten Tag《グーテンターク》』とか、ドイツ語を話してよ！」と八つ当たりしてしまったのでした。

言葉の壁や友人関係、宿題、人種差別などの問題に直面している子どもの負担を少しでも軽減したいと、皆さんも奮闘していることでしょう。親は親なりに、わが子のためにベストを尽くしているはずです。でも、子どもの反抗期などの理由で「家族だからこそ解決できない課題」があるのも事実です。そこは、「悩みの棚卸し」を行って、誰が解決にあたるのが最善か、再検討してみましょう。親の助言は聞かなくても、第三者の意見には素直に耳を傾けることもあるはずです。また、今は衝突してしまったとしても、子どもが成長する中で、いずれ理解してくれる日が訪れるかもしれません。

10 母親になった海外帰国子女～森谷紗香さん

ここで、僕の友人の森谷紗香さん（仮名）を紹介させてください。紗香さんは幼少時代をドイツで過ごした海外帰国子女。現在ドイツ在住で、1児の母親です。

父親の仕事の関係で家族がドイツへ行くことが決まったのは、紗香さんが幼稚園の年長組に在籍していたときでした。「ドイツの雰囲気に少しでも慣れるように」と、出発前の半年間は日本にあるドイツ人学校の幼稚部に通うことに。それが功を奏したのか、実際にドイツへ渡った際は、「新しい環境に馴染めない」などという事態に陥ることは特になく、ドイツ語も、友達との遊びを通じて自然と覚えていきました。

ところが、ドイツでの生活に慣れるにつれて、姉妹間の会話が次第にドイツ語中心となっていったのです。この状況に危機を感じたご両親は、紗香さんが小学5年生のときに、当初の予定より早く日本へ帰ることを決意。

ドイツでの生活を満喫していただけに、後ろ髪を引かれる思いはあったものの、気持ちを切り替えて日本に帰国した紗香さん。しかし、そこで彼女を待ち受けていたのは、予想だにしないハプニングでした。

授業で発言することが重視されるドイツの学校に慣れ親しんでいた紗香さんは、帰国後に転入した小学校でも、「はい、先生！　私、できます！」と、積極的に授業に参加。すると、1人また1人と、彼女を避けるようになり、気がつけば周りには友達が誰もいなくなってしまったのです。

理由を尋ねた際にクラスメートが放った一言を、紗香さんは忘れることができません。

「あなた、『できる！』って言いすぎじゃない？」

それからというもの、いわゆる「日本的な学校生活」のハウツーを習得することが日課に。例えば、授業中に発言するときは、他の生徒も挙手しそうか、事前に周囲を見回して確認。周りと話を合わせるために、大して興味のないテレビ番組を見て予習。こうした努力を経て、転入から半年ほどが経った頃に、ようやく仲間として認められたのでした。

晴れて仲間入りしたとはいえ、それは紗香さんが大きな代償を払ったうえでの友情でした。日本での学校生活で認められるためには、「ドイツに住んでいた」という過去を封印しなければならなかったのです。それはまるで、自分の存在が否定されたような衝撃だったと、当時を振り返ります。

「このままでは、自分らしさを完全に失ってしまう」という危機感を抱いた紗香さんは、小学校卒業後、学区が異なる中学校に進学。この環境の変化が、転機をもたらすことになるのです。幼い頃から外国語に触れるのが好きだった紗香さん。進学した中学校では、英語の授業でメキメキと本領を発揮し、気がつけば「あの人はすごい」と、周りから一目置かれる存在に。また、帰国直後に「学校生活のハウツー」を学んだ甲斐もあり、中学以降は仲間外れにされることはなかったと言います。

環境が変わることで得られた変化は、小学校で自身の存在意義について悩んできた紗香さんに、「自分は認められているんだ」という安堵感を与えてくれました。

日本への帰国後は封印していた「自分の中のドイツ」。それを再び目覚めさせようという気持ち的な余裕が生まれたのも、環境の変化の賜物でした。中高時代にはドイツからの帰国子女が集う会に出席したり、ドイツ語講座を受講したり、また、大学ではドイツ語を本格的に学んだりと、自分とドイツの距離を縮める努力をコツコツと重ねてきました。大学卒業後にドイツ関係の仕事に就いたことは、自然の帰結であったといえるでしょう。

ところで、ドイツ語の維持向上については、興味深いエピソードがあります。小学5年生のとき、日本へ帰国することとなった紗香さん。ご両親は、「日本に帰れば、ドイツ語をすぐに忘れるのだろう」と考えていたそうです。ドイツ語を忘れる？　この私が!?　――ドイツ語が大好きであっただけに、ご両親の何気ない意見に紗香さんは驚きました。そして逆に、「私は何が何でもドイツ語を維持向上させてやる！」と、闘争心を高める動機となったそうです。

紗香さんは現在、ドイツで子育ての真っ最中です。海外帰国子女としての体験が、自身の子育てにどのように影響しているかを尋ねました。

「いずれ日本へ本帰国することはわかっているので、今のうちから子どもの進路について、いろいろと調べています。現在の教育方針は、帰国後の進路をベースに立てています。語学については、現在、英語による教育を受けていることもあり、子どもにドイツ語の習得を強制することはありません。ドイツ語を聞き取れるだけの耳が鍛えられれば、今は十分だと思っています」

この教育観は、自身の体験から導き出されたといえます。紗香さんが日本へ帰国した頃は、帰国子女がドイツ語で受験できる機会は限られていました。また、インターネットがなく、情報が入手しづらい時代でもあったことから、紗香さんは希望する学校に入ることができませんでした。しかも、小中高と「学校で唯一の帰国子女」という立場に置かれていたため、他者から向けられる物珍しい眼差しが居心地悪かったようです。結果として、「自分の中のドイツ」を封印せざるを得ない状況になりました。

紗香さんは、「自分の子どもには可能性をもっと与えてあげたい」という気持ちから、帰国後の選択肢を広げるべく、英語での教育という方法をとっています。

最後に、「人それぞれなので一概には言えませんが」と前置きをしたうえで、同じく帰国子女を育てる皆さんにメッセージをいただきました。

「海外在住経験がある子が多い地域に住んだり、帰国子女を積極的に受け入れている学校を選んだりした方が、互いに理解し合える友達ができやすいと思います。私の経験からして、その方が、子どもにとってはより幸せなのかなと思います」

11 父親になった海外帰国子女
～西川誠洋さん

続いて、僕が補習校で同級生だった西川誠洋さんを紹介します。誠洋さんも、幼少時代をドイツで過ごした海外帰国子女。現在日本在住で、2児の父親です。ちなみに、僕が小3の夏に補習校に転入した際、初めて言葉を交わしたのが、誠洋さんです。

日本生まれの誠洋さんが、ご両親と2歳年上のお兄さん、2歳年下の弟とドイツの地を踏んだのは、5歳のとき。その後、7年間にわたって現地校＋補習校というダブルスクール生活を送りました。

ドイツ語をまったく解せない中で始まった誠洋さんの学校生活を支えたのは、小学校に入学する際に始めた家庭教師によるドイツ語学習と、サッカー。後者は、「学校だけでなく、地元の子どもたちとの交流を深める機会を与えたい」というご両親の配慮から、兄弟3人で取り組みました。

「現地校に入れば、ドイツ語は嫌でも覚える」というのはあくまで理想論であり、実際、言語の習得はそんなに簡単なものでありません。誠洋さんも苦労を重ねた1人。小学校の美術の授業で、自分が描きかけの絵をクラスメートに奪われたものの、彼らの罪を証明できるほどのドイツ語力がなく、悔しい思いをしたと振り返ります。

つらい思いをしながらも、ドイツ語を身につけていった誠洋さん。得意な算数で好成績を収めた際にクラスメートから「すごい！」と称賛されるなど、自身をアピールできる機会が徐々に増えていきました。そうした中、兄弟間における会話が徐々にドイツ語中心になっていく、という事態が発生。この状況を重く見たご両親は、「家では（勉強している時などを除いて）ドイツ語禁止令」を敷くことに。その結果、兄弟間の会話は再び日本語に戻ったのでした。

ご両親が「ドイツ語禁止令」を下したのには、理由があります。「子どもたちの言語習得」という課題に直面されていたご両親は、ある日、知人の方からこう言われたそうです。

「子どもたちがいずれまた日本に帰るのなら、家庭内では日本語を徹底させてください。ドイツ語のサポートは、学校や地域のクラブなどでいくらでもできますが、日本語のサポートをできるのは、家庭だけです」

また、家庭内での日本語の徹底に関しては、誠洋さんとお兄さんは、ご両親から特別なミッションを与えられました。

「弟がしっかりとした日本語を覚えられるよう、あなたたちも協力してね」

弟さんは当時、3、4歳。兄弟の中では当然のことながら、日本語に触れる機会がもっとも少なく、ゆえにドイツ語を母国語として認識する傾向が強かったそうです。「弟の力になりたい」という一心から、誠洋さん自身も日本語の維持向上により励むように。もともと読書家だった誠洋さんは、この件があって以来、より多くの本を読むようになったと言います。

小学5年生のときに日本へ帰国した誠洋さんは、小学校に編入したのち、中高一貫校に進学しました。ご両親が「自分が集中してできるスポーツの継続」を教育方針として掲げていたこともあり、中高ではラグビー部に所属。ドイツの学校にはない上下関係など、日本特有の学校文化も「そういうもの」として受け入れ、厳しい練習に怯むこともありませんでした。また、ドイツ滞在中に読書を通じて十分な日本語力を培っていたため、勉強にも問題なくついていくことができました。

「またドイツに行くことは、ほとんどないだろう」と考えていた中学生の誠洋さんは、ドイツ語とは無縁の生活を送っていました。再びドイツ語に触れるようになったのは、高校で第二外国語としてドイツ語を選択したときです。とはいえ、授業の内容は初心者向けのものでした。

ところが、誠洋さんが社会人になって数年後、自身も驚く、嬉しいハプニングがありました。仕事でドイツに2年間滞在した際のことです。誠洋さんにとっては、約10年ぶりのドイツ生活。来独して間もない頃は週1回、家庭教師からドイツ語を学んでいたそうです。ある日の授業後、先生は誠洋さんに向かって、こう言いました。

「Seiyo はドイツ語を感覚的にわかっている。それはとてもいいことなので、ぜひ今後もドイツ語の勉強を続けてほしい」

小学5年生のときに帰国した後は、ドイツ語とはほぼ無縁の人生を歩んできた誠洋さん。先生の言葉を聞いた時は、「どんなに時間が経過しても、自分は日本とドイツの架け橋になることができる」と、自覚できた瞬間でした。

現在の誠洋さんは、会社勤めをしながら、地元のラグビー部で子どもたちの指導に当たっています。「自分が集中してできるスポーツの継続」というご両親のかつての教育方針を次の世代へ伝授すべく、過去と未来の架け橋として奔走する毎日です。最後に、読者の皆さんにメッセージをいただきました。

「海外にいる頃から、なるべく日本語の本を読ませあげてください。僕の場合、読書を通じて日本語を維持向上できたという実感があります。子どもが帰国してから苦労するよりは、海外にいる間に、日本語の文字に触れる機会を増やすのがよいと思います」

12 僕は自分の子どもにどう向き合うか

森谷紗香さん、西川誠洋さんの貴重な体験談を伺った中で、僕は、２人がこれまでに歩んできた人生には、次のような共通点があるように思えました。

①帰国後に一旦ドイツ語から離れたけれど、基礎は抜けていなかった

ドイツ語から距離を置いた理由は、それぞれです。紗香さんは封印せざるを得ない状況に追い込まれ、誠洋さんはラグビーにのめり込んだことで、ドイツ語にこだわる必要がなくなったからといえそうです。しかし、どんな背景であれ、２人のドイツ語力が完全に失せることはありませんでした。

②強みを持つことで、自分の存在意義を認識できた

紗香さんは英語の成績が認められたことが、「自分の強みを発揮していいんだ」

という勇気へとつながり、その勇気が、ドイツ語を復活させるための原動力となりました。誠洋さんは「ラグビーに没頭している自分が、今の自分」という、揺るぎない信念を持ちました。

③海外経験が、何らかの形で今の自分に活かされている

紗香さんは、自身の海外経験を活かして子どもの将来を設計しています。誠洋さんは、「自分が集中してできるスポーツの継続」という、ご両親がドイツ滞在中に立てた教育方針を道標としながら、ラグビー活動に励んでいます。

そして僕は、ここに挙げた3つの共通点が自分の人生にも当てはまることに驚きました。日本の大学に進学した僕は、最初の2年間はドイツ語とは無縁の生活を送っていました。にもかかわらず、ドイツ語力は維持されていました。また、ギムナジウム高等部では学業不振に陥ったものの、ギターを通じて、自分の存在を示すことができました。さらには、中高時代に体験した「何かにのめり込むことの楽しさ」が、今の自分にも活かされています。

海外帰国子女だからというだけで、全員を一括りにすることはできません。しかしながら、彼らが歩む人生には共通点があるのも事実なのかもしれません。そして、その共通点をどう解釈するかで、それぞれの道が開かれていく、というのが実際のところなのかと、インタビューを通じて気づいた次第です。

最後に、2児の父親である僕が、自身の海外帰国子女としての経験を子育てにどのように活かしているのかをお伝えしたいと思います。僕は自分の子どもたちに、必要以上に圧力をかけないように気をつけています。僕自身、思春期には両親に散々心配をかけました。自分がさまざまな修羅場を経験したので、子どもたちのことも、ある程度の覚悟はしています。自分のことを棚に上げて、「なんでそんなこともできないんだ！」などとプレッシャーを与える権利はありません。

1つだけ、願望があります。それは、子どもたちには、「何かにのめり込む楽しさ」だけは、絶対に体験してもらいたい、ということです。僕の場合は、それがチャレンジ精神の芽生えにつながったからです。そのための選択肢を提供するのが、親としての僕のミッションです。

第6章　これからの時代に求められるもの

1

グローバル時代を生きる僕たち

僕が2度目にドイツに住んだのは、1983年から1995年までです。当時は、日本とドイツを隔てる距離を如実に感じたものです。例えば、電話。国際電話となると通話料金がとにかく高かったため、緊急時に限って使うこととして、話すとしてもせいぜい2、3分にとどめていました。

また、荷物を送る際は船便が主流で、年末の「紅白歌合戦」を録画したビデオテープが、ドイツに届いた頃にはすでに3月、という具合でした。子どもながらに、気が遠くなったのを覚えています。

あれから40年。インターネットのおかげで、日本へは無料電話をかけ放題。紅白歌合戦はもちろん、日本のニュース番組などもライブ配信を通じて視聴可能な時代となりました。

世界の距離が縮み、国や地域の結びつきが世界規模で深まる、いわゆるグローバル化が進む今、海外帰国子女でなくても、多言語や異文化に触れる機会が増えました。それは、相互理解を深めるという意味において、歓迎すべき変化であるといえるでしょう。

一方で、昨今のグローバル化が新たな問題を生んでいるのも事実です。世界の距離が縮み、外国が身近になった今は、言語の壁や差別といった、これまでは海外在住者特有の問題と見なされていた諸現象が、他人事ではなくなったのです。もはや誰もが直面しうるこれらの問題を前に、どのようにふるまうべきなのでしょうか。グローバル時代を生きる僕たちに必要とされるスキルは、何でしょうか。僕は、それは次の3つであると考えます。

- **思考力**
- **コミュニケーション能力**
- **目標設定力（自分のビジョンをもつ力）**

僕は第2章から第5章までを通じて得られた気づきから、これら3つのスキルこそ、グローバル時代を生きる上で必要となると考えるに至りました（図6－1）。僕が「思考力」の重要性を感じたのは、「第3章　カルチャーショックと差別」、「第5章 親として何ができるか」を執筆していた時でした。第3章では「差別が日常化する中、被害者と加害者の両方が、差別について考えること」の大切さを説きました。また、第5章では、親が悩みの棚卸しをする、つまり、自分ができること・できないことについて考えることを提案しました。ここでのキーワードは、「考える」。僕が、思考力を重視する理由がここにあります。

また、「第2章 言語を身につける」で「子どもは言語を目的としてではなく、手段として習得する」ということを、繰り返し説明しました。そして第3章では、差別の被害者と加害者が歩み寄ることの重要性を訴えました。ここから浮かび上がってくるのは、コミュニケーションの重要性。言語を手段として学ぶ、また、差別の被害者と加害者が歩み寄るためには、「コミュニケーション能力」が求められます。

さらに、「第4章「自分」は何者か」において、日本語を自分の軸として確立させることについて述べました。また、第5章では、悩みの棚卸しの大切さにつ

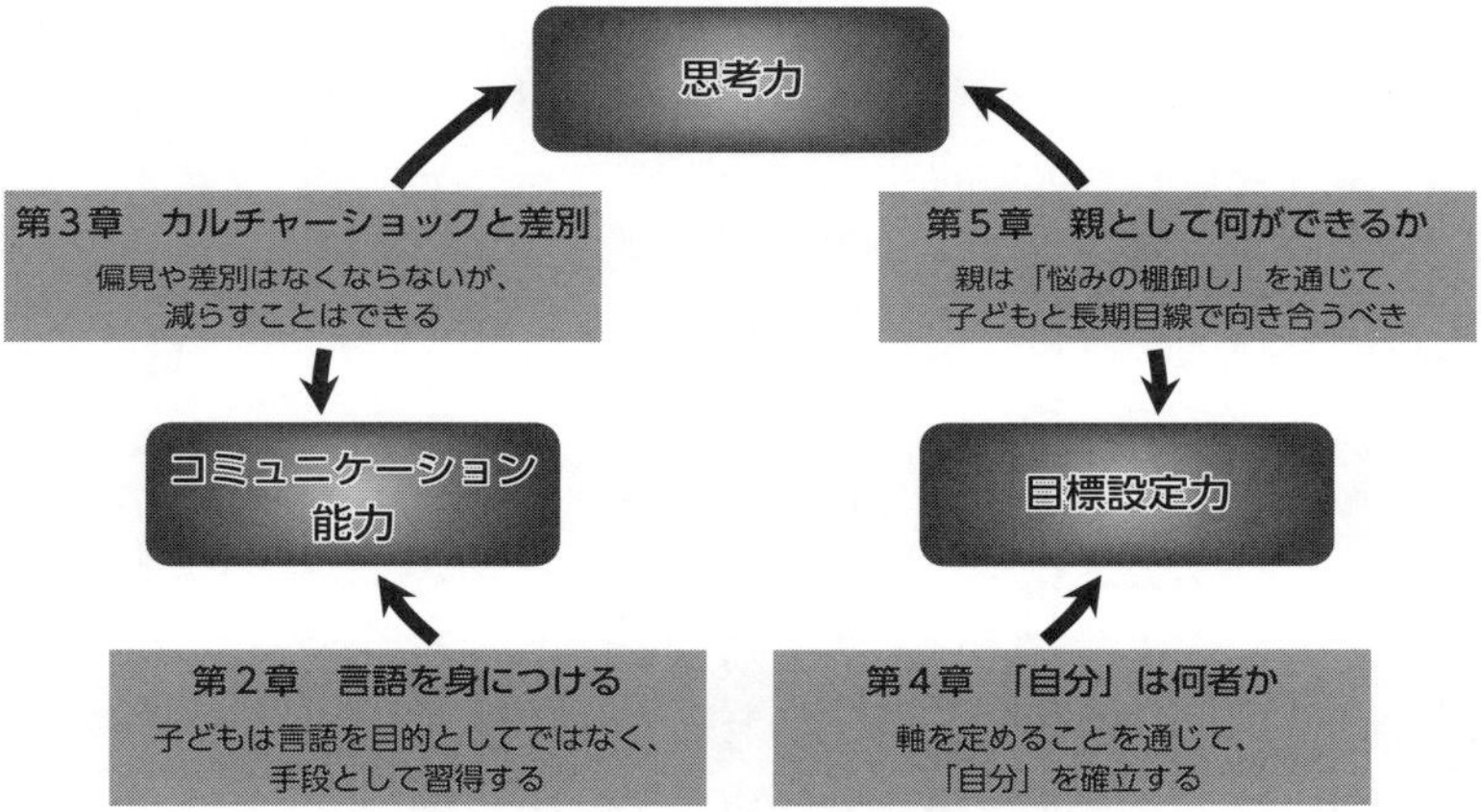
思考力
第3章　カルチャーショックと差別
偏見や差別はなくならないが、
減らすことはできる
第5章　親として何ができるか
親は「悩みの棚卸し」を通じて、
子どもと長期目線で向き合うべき
コミュニケーション
能力
目標設定力
第2章　言語を身につける
子どもは言語を目的としてではなく、
手段として習得する
第4章　「自分」は何者か
軸を定めることを通じて、
「自分」を確立する

図 6-1　「3 つのスキル」の根拠

いて説明しました。これらの延長線上、すなわち、自分の気持ちを整理した後に見えてくるものは何でしょうか。僕は、それは「自分のビジョン」だと考えます。したがって、自分のビジョンを構築するスキル、つまり「目標設定力」が必要であると考えたのです。

　最終章では、今後必要になると考える「3つのスキル」を詳しく見ていくとともに、どのように身につけられるのかを考えていきましょう。

2 思考力

「グローバル化」という言葉を聞くと、とてつもなくスケールの大きな話に感じられるかもしれません。しかし実際には、グローバル化は僕たちが日常的に経験している、とても身近なテーマです。

ドイツで電車に乗っていると、実にさまざまな国の人を見かけます。外国人の方が多い車両に乗り合わせることも、決して珍しくはありません。ちなみに、ドイツでは公共交通機関における携帯電話での通話が原則容認されているため、四方八方からさまざまな言語が聞こえてきます。それは、世界の距離が縮んでいることを身近に感じる瞬間です。

さまざまなバックグラウンドを持つ人々と日常的に接していると、さまざまな意見や考え方に遭遇します。当然のことながら、意見の衝突や食い違いも日常茶飯事。「自分が当たり前と信じていたことが、周りの人にとっては非常識」は、

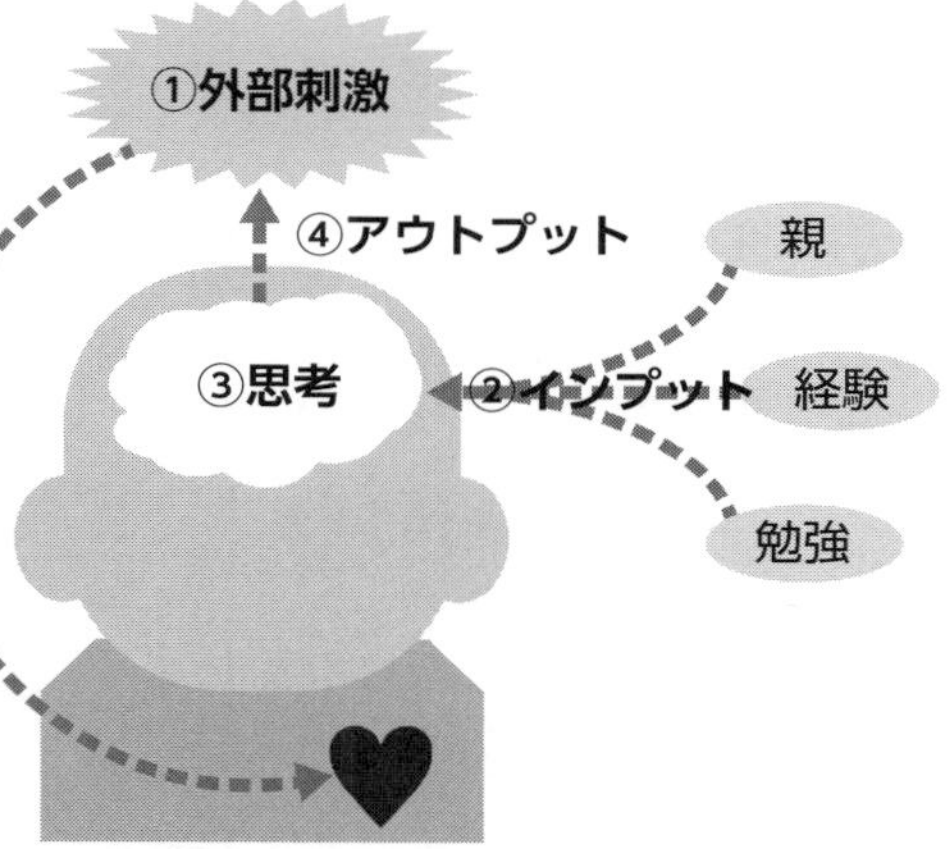

図 6-2　思考力は 4 つのプロセスから高められる

よくあることです。

さらに、世の中には、いわゆる「正解のない問い」にあふれています。例えば、「お金と幸せ、どっちが大事？」や「人間は何歳から成人だといえる？」といった問いかけに対する答えは、あなたなら何が正しいと思いますか？「常識 VS 非常識」、「正解のない問い」……何をもって常識や正解といえるかわからないからこそ、人間は考え続けなければいけない。これこそが、僕が「思考力が大切」と信じる所以です。

僕の場合、思考力は「①外部刺激→②インプット→③思考→④アウトプット」というプロセスを踏むことによって高められています（図6－2）。「①外部刺激」とは、人間が何らかの感情を抱くに至る理由のことを指します。例えば、僕は先日怒りを感じました。なぜかというと、また誰かに「チンチャンチョン」と言われたからです。

「①外部刺激」を受けた僕は、「③思考」を巡らせるために、まずは、さまざまな情報を「②インプット」します。差別発言のケースでは、過去に自分が受けた差別や、他の人から聞いた体験などの情報をインプットし、そうした情報を頼りに、本件が自分にどのような意味をもたらすのか、思考するのです。

頭の中を整理した僕は、受けた外部刺激に対して反応、すなわち「④アウトプット」します。僕は、①から③のプロセスを通じて、「差別は愚か者のすることと」という判断を下しました。その結果、「自分ならこんな愚かな真似はしない」という態度を示す（＝アウトプットする）のです。

では、思考力とは、どのようにすれば鍛えることができるのでしょうか？ 思考力の4つのプロセスの中で、僕が特に重視しているのが「インプット」です。かつての僕は、②インプットを通じて、③思考する、というプロセスをスキップする傾向がありました。つまり、外部刺激に対して感情で反応しがちでした。感情からくるアウトプットとは、キレたり、恨んだり、もしくは思考停止に陥ってアウトプットが出せなかったりすることです。これでは、相手と建設的な関係を築けません。

人間には実にさまざまなインプットがあります。例えば、親からの教えや自らの経験、勉強から得た知識など。大切なのは、あらゆるインプットを受け入れる姿勢です。それは、インプットが増えれば増えるほど、外部刺激を受けた際の対応力が高まるからです。こうしたインプットの中でも、とりわけ僕にとって大切だった「悩んだ経験」について説明させてください。

幼い頃の僕は、いつも何かが心配でたまりませんでした。小学1年生の頃は、登校中に「忘れ物をしたのではないか」と不安に陥り、とにかく心配で心配で、パンク寸前。昨晩に何度も持ち物の確認をしたし、あと少しで学校に着くことだし、大丈夫、今日の学校生活を楽しもう……とはならず、結局僕は、片道30分の通学路を泣きじゃくりながら全力疾走して家に戻り、「何も忘れていない」という事実を確認して、少し落ち着いて再び登校するのでした。

思春期にもなると、さすがに家まで猛ダッシュするようなケースはなくなりましたが、従来の心配性に加えて「ドイツ語に自信が持てない」という要素が重なり、不安が増長されていました。そして、不安の反動からか、何事も自分なりに完璧にこなすことを心がけるようになりました。できる限りのことをやって、不安を払拭しようと試行錯誤していたのです。

よく、「中尾さんって、ストイックですね」と言われます。「几帳面だよね」とか「神経質だよな」とも言われます。そうです、僕はストイックです。そして几帳面であるうえに、神経質です！　でも、子どもの頃からの苦い思い出と試行錯誤した経験があったからこそ、今、僕はコンサルタントとして自立できているのだと断言できます。

コンサルタントとは、「悩みの解決者」です。相談者が抱えている問題を分析したうえで、最適と思われる解決策を提示することを使命とします。例えばAという解決策を見いだしたら、一歩下がって「本当にAだけを考慮すればいいのだろうか？」と自問。さらに、「Aを選択した場合、Bはどうなるか？」、「BよりもCとDの組み合わせがより良いのではないか？」と、物事を多角的に分析します。つまり、コンサルタントはある意味、常に不安と向き合っているのです。用心深ければ用心深いほど、ありとあらゆる状況に対応できるコンサルタントになりえるともいえるでしょう。

神経質な性格の持ち主だった幼少期の僕。思春期には、何事にも徹底的に取り組む几帳面な自分に変貌しようと努力しました。物事の細部にまでこだわることに手応えを感じた僕は、徹底力を維持向上させるためにストイックさを身につけました。そして今、コンサルタントとしての自分がここにいます。結果論かもしれませんが、僕にとって「悩む」行為は決して無駄ではなく、思考力の決定的な構成要素の1つなのです。

「悩んだ経験」のほか、言葉の壁にぶつかったり差別に遭ったり、インプットは楽しい出来事ばかりではありませんでした。でも、それらのインプットをそのまま受け入れ、自分の一部と化したからこそ、視界が開けたことも確かです。情報を都合よく解釈したり、いいとこ取りしたりするのではなく、ありのままの形で吸収しよう。これが、思考力を鍛えるための重要なステップとして、僕が自分の子どもたち、そして自分自身に常日頃から言い聞かせていることです。

3 コミュニケーション能力

今や誰もが、言葉の壁や差別などに対応せざるを得ない時代です。相互理解を図るためにも、また、自分の存在意義を高めるためにも、さまざまな手段を用いた双方向のコミュニケーションが以前にも増して重要になります。コミュニケーション能力にはさまざまな定義がありますが、僕は次のように解釈しています。

コミュニケーション能力：
他者との双方向の意思疎通を図るための言語・非言語能力

重要なポイントは、3つあります。1つ目は「コミュニケーションが双方向のものであること」。自分の考えを相手に一方的に伝えるだけでは、単なるモノローグです。「聞く⇕伝える」という対面通行によって初めて、コミュニケーション

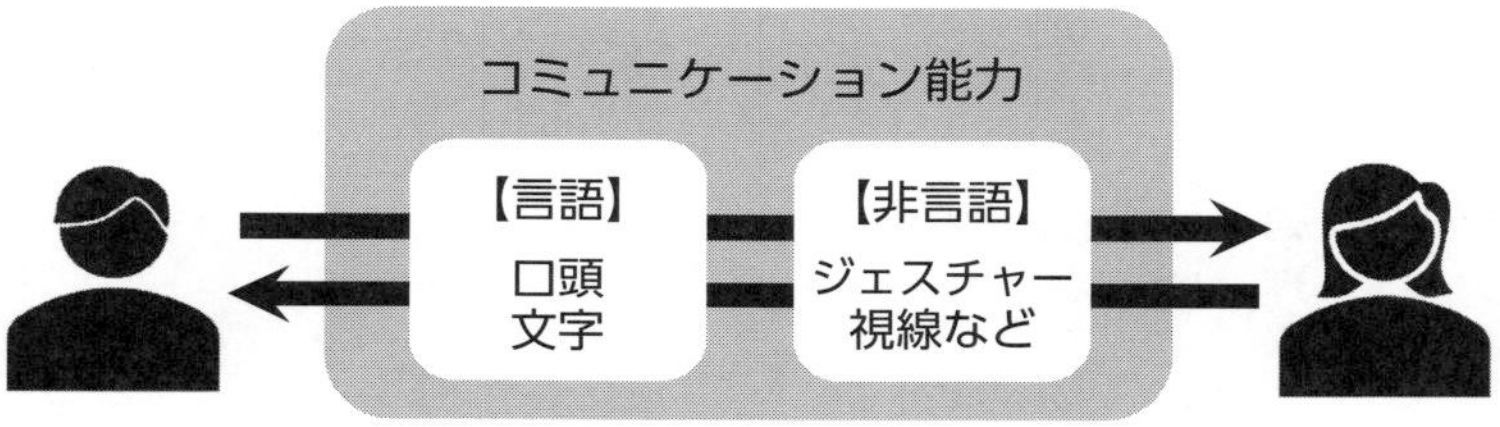

図 6-3　コミュニケーション能力とは

は成り立つのだと考えます。

2つ目は「言語のみならず、非言語も用いられること」です。コミュニケーションと聞くと、「喋る、もしくは書くことを通じた対話」を想像しがちですが、声のトーンやアイコンタクトなども立派なコミュニケーション手段です。

そして3つ目は「コミュニケーションに際して使われる言語が何語であるかは、二次的である」です。第5章で、僕の顔面にサッカーボールが飛んできた話を紹介しました。日本語であっても、母の怒りは十分にサッカー少年たちに伝わったことでしょう。気持ちを伝えるのに、どの言語を使うのかは二の次なのです。

コミュニケーション能力を高める方法も、思考能力と同様、いろいろあります。例えば、日本と欧米諸国では、言語はもちろん、非言語においてもコミュニケーションの方法が異なることがあります。不慣れな土地に赴く際は、こうした国や地域の独特な慣習について、事前調査しておくに越したことはありません。

また、コミュニケーション能力を鍛える上では、必要以上に「完璧」を目指さないのも大事ではないでしょうか。ネイティブレベルの外国語を披露したり、各国の慣習を完璧にマスターしたりすることがコミュニケーションの目的ではありません。あらゆる手段を駆使して、双方向に意思疎通を図るのが、真の目的です。もし子どもがコミュニケーションに関して悩んでいるようであれば、「間違っても大丈夫」と思えるような、安心できる環境を整えてあげること。また、そのために、子どもが周りの子と信頼関係を構築できているかについて、親子間で話し合うとよいかもしれませんね。

子どもが安心できる環境を整えることについて、僕の取り組みを1つ挙げましょう。料理などが美味しいとき、ドイツ語では「Das《ダス》 ist《イスト》 lecker《レッカー》」などと表現します。僕は、子どもの友達が家に遊びに来た際、「『lecker』のことを、日本語では『おいしい』って言うんだよ」と教えています。すると、その子が再び我が家を訪れた際、「Das ist oishi!」と口にすることがあるのです。子どもたちは楽しみ、互いの距離が縮む。ドイツ人や外国人の友達が少しでも日本に興味をもってくれるだけで、子どもは大きな安心感を抱けると思うのです。

さて、ここで、コミュニケーション能力に関連するもう1つのテーマを紹介させてください。それは「人工知能（ＡＩ）による言語習得と人間」です。

ＡＩの日進月歩は止まりません。例えば、脳科学の観点から人間の言語学習のメカニズムを解析し、その仕組みを人工知能に適用させるという実験には、すでに多くの研究機関が取り組んでいると聞きます。その際、ＡＩに単語や文法を叩きこむというよりは、言葉を状況と結び付けて学ぶという、人間が得意とする学習方法自体をＡＩに習得させる試みが行われているそうです。

現時点でも、少なくとも僕の語学レベルをはるかに上回る翻訳ツールがあるぐらいです。このままいけば、相手が喋ったドイツ語を瞬時に和訳するイヤホン型翻訳機や、日本語の道路表札のドイツ語訳をレンズに映し出す眼鏡など、今までならドラえもんの世界でしか存在しなかったような道具たちが誕生するのは、もはや時間の問題だといえるでしょう。

技術の進歩が人間の語学レベルを超える。これは、人間がバイリンガル・マルチリンガルであることに付加価値を見いだす時代は、もはや終わったことを意味するのではないでしょうか。これまでは、就職活動などで履歴書に「外国語堪能」と書けば、それなりのアピールになっていました。しかし、近未来においては、外国語が堪能なだけでは、強みにはなり得ません。

では、われわれ人間は、迫りくるＡＩの猛威に太刀打ちできないのでしょうか。また、人間にとって言語の習得は、まったく不要となるのでしょうか。そんなことは、決してありません。いくらＡＩが優れているとはいえ、コミュニケーションに関しては、人間にしか対応できない領域があるからです。

大切なことは、「ＡＩにできること・できないこと」、そして「人間にできること・できないこと」に関する理解です。ＡＩの方が人間より優れていることの代表的なものが、分析や情報処理です。一方で、人間がＡＩに勝るのは、感情を通じて考えたり、相手に訴えかけたりする能力ではないでしょうか。

僕はドイツに来たばかりの頃、同級生に話しかけたい一心で、覚えたての「Wie heißt du?（君の名前は？）」という質問をしました。もしかしたら、「変な発音」

などと笑われるかもしれなかったシーンであり、当時の僕も、不安でした。AIの場合は、不確定要素を見つけた時点で「質問する」という選択肢は外されてしまうかもしれません。でも僕は、不安であっても「質問する」という行動をとりました。なぜならば、僕は「同級生に話しかけたい」という気持ち、感情に動かされたからです。

コミュニケーションに関して、人間とAIの役割分担を考えた場合、人間の役割は次の2つに集約されると考えます。

- **自分の感情に基づいて考え、行動する**
- **行動を起こすための手段として、言語を活用する**

親としては改めて、「手段としての言語習得」を認識したいところです。子どもの言語習得に必要以上に完璧さを求めず、間違いには寛容に。言語はあくまで手段であると、心に留めておいてください。完璧な言語を求めるのであれば、AIに頼ればいいのですから。

4 目標設定力（自分のビジョンをもつ力）

ギムナジウム高等部において学業不振に陥ってしまった僕は、事態を打開すべく、自分の「軸」として、日本語力を向上させることを決意しました。この決断が、僕の人生におけるもっとも重要なターニングポイントであったことは間違いありません。自分の「軸」を定める——つまりそれは、自分が生きる上での方向性を決め、人生の目標を立てることでもあります。

グローバル時代に生きる僕たちにとって、言語の壁や差別などは、もはや誰にでも関係する問題です。「自分は差別主義者ではないから大丈夫」などと思っていても、しっかりとした自分の考えをもたないでいると情報の波にさらわれ、自分でも気づかないうちに差別主義者の主張に言いくるめられて思想を共にしてしまうというケースも起こり得るのです。

突然ですが、経営学の世界に、「レッドクイーン理論※11」があることをご存

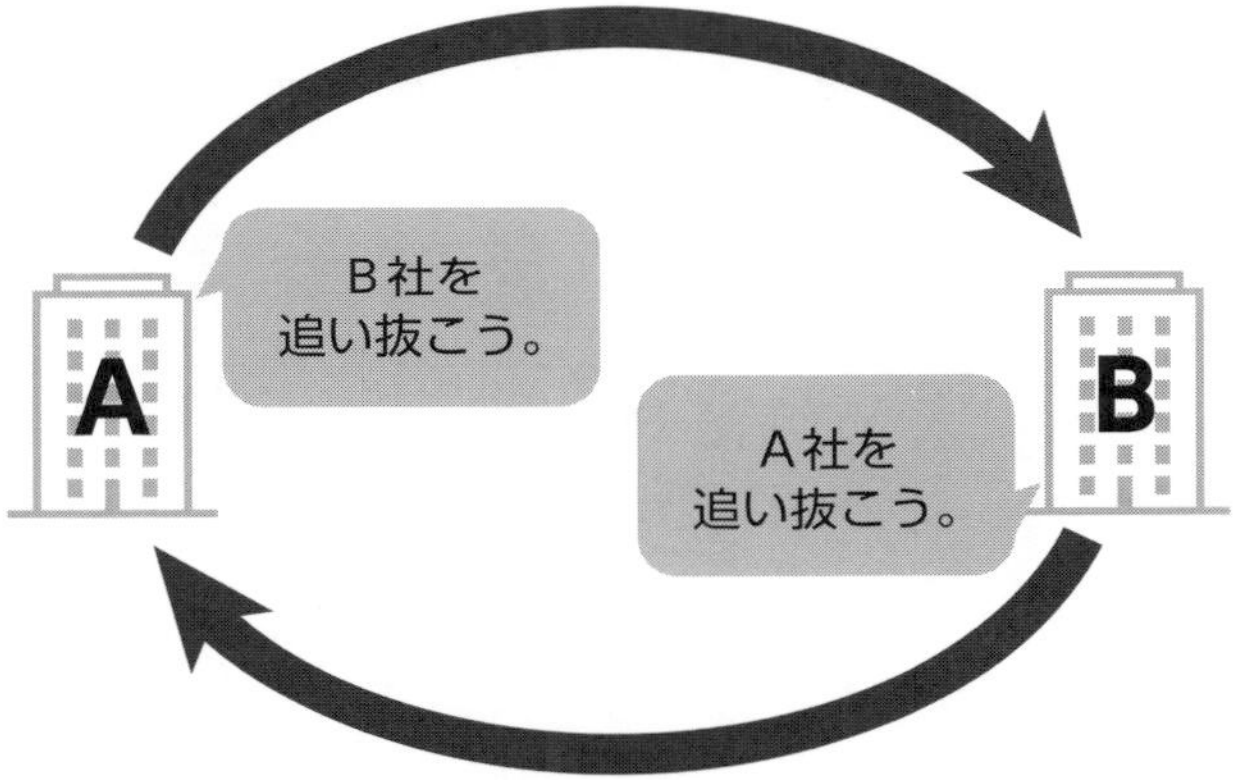

図 6-4　レッドクイーン理論

知でしょうか。これは、一言でいうと「生存競争による共進化のメカニズムを解明する理論」です。

互いに競い合っているA社とB社があるとしましょう。「A社を超えよう」と張りきった結果、B社の業績はA社を上回りました。すると今度はA社が「B社に負けてたまるか」と、頑張ってB社を追い抜きました。このように、「互いに生き残りを賭けて競っている限り、ともに永久に進化し続ける」というのが、レッドクイーン理論の骨子です（図6－4）。そして、この「永久に進化し続けること」を、「共進化」と呼びます。

※11　『世界標準の経営理論』入山章栄（2019）ダイヤモンド社 p.590～605

互いに進化し続けるというメリットをもたらす共進化ですが、そこには落とし穴も。激しい競争にさらされすぎると、やがて競争そのものが自己目的化し、目の前のライバルという限定された範囲にのみ着目してしまいます。その結果、別の競争環境で生存する力を失ってしまうリスクがあるのです。

同様のことは、教育の現場でも起こり得ます。Aさんは数学で学年トップ。ライバルのBさんは猛勉強の末、Aさんを追い抜きます。トップの座を奪われたAさんは勉強量をさらに増やし、Bさんにリベンジ……この競争を通じて2人の数学力は他者の追随を許さないほど向上します。でも、他教科の勉強はおろそかになり、結果として2人の総合成績はむしろ下がってしまうこともあるのです。

覚えておきたいのは、背景には親の声掛けの影響も考えられる、ということです。皆さんは、子どもにこんなことを言ってしまったことはありませんか。

「同じクラスのAちゃん、あんなにおとなしいのに、成績は学年トップなの!?」
「今回のテストの結果は80点？　よくがんばったね。ところで、クラスメートのB君は何点だったの？」

親としては、それが好ましくないことだとわかっていながらも、ついついわが子を他の子と比べてしまう傾向がありますよね。でも、こうした比較が、子ども同士の共進化リスクを高めるおそれもあるのです。共進化リスクに晒されないためには、「ライバルとの競争を目指さない」ことです。目指すべきは、他者との競争に勝つことではなくて、自分の目標（ビジョン）をもち、それを追求すること。つまり、競争すべき対象は他者ではなく、自分なのです。

「ライバルは自分」という考えは精神論であると思えたり、「目標」や「ビジョン」などの壮大な響きに困惑されたりする方もいることでしょう。安心してください。スタート地点ではビジョンがないのが一般的であり、模索しながら目標を設定していくのです。僕自身、若い頃に目標を立て、そこから逆算して生きてきたわけではありません。高校時代に「自分の軸を確立しよう」とは決めたものの、その志が向かう先までは想像しておらず、「1つの課題をクリアしたら、次の課題に挑戦する」というプロセスの繰り返しを通じて、今の僕がいます。

人生はフルマラソンに似ていると、よくいわれます。フルマラソンを完走する秘訣は「中間ゴールを設けること」。いきなり42.195㎞を目指すのではな

図 6-5　全工程を細分化して目標を目指す

く、「まずは10㎞」、「次は15㎞まで頑張ろう」と、全工程を細分化することで、少しずつゴールに近づいていくのです（図6－5）。同時に、ランナーは、周りとの競争に勝つことを目指すのではなく、「完走する」、「目標タイムを達成する」など、自分の目標を追求することに挑戦の意義を見いだします。

「自分のビジョンをもち、追求する」という考えは、ティーンエイジャーの子どもには理解してもらえる概念かもしれません。では、もっと小さな子どもに対しては、どのように説明すればよいのでしょうか。最後に、僕の息子のケースを紹介しましょう。

ある日、僕の長男がとても嬉しそうにしていました。理由を聞くと、「学校のテストで良い成績をとった。クラスメートのトーマス（仮名）よりも上だった！」と言います。テストで高得点をとったことは素晴らしいことですが、長男があまりにも「トーマスに勝った」と強調するので、僕は次のように説きました。

「君が優れた成績をとったことはすごいと思うよ。でも、君がトーマスよりも良い成績だったからすごいのではなく、君自身が頑張ったことがすごいんだよ。トーマスもトーマスなりに頑張ったんだよ」

小さな子どもは自然と周りを意識して、競争しながら日々を過ごしています。だから、「周りと比べるな！　自分の目標を持て！」と理解させるのは難しいものです。であるからこそ、親が安易に同調してしまうのではなく、粘り強く説いていく必要があるのではないでしょうか。ちなみに、長男はきょとんとした表情を浮かべていましたが、その後は「〇〇よりも」とは、あまり口にしなくなりました。彼なりにいろいろと考えているのだと、嬉しく思います。

5 あとは行動あるのみ

グローバル時代を生きる上で、①思考力、②コミュニケーション力、③目標設定力（自分のビジョンをもつ力）の3つのスキルを身につけることが重要であると説明しました。さて、世界と向き合うには、僕はもうワンステップが必要だと考えます。それは、「行動」です。

世界中で暮らす日本人の数は、2021年10月時点で約134万人。在外邦人に「海外で生活する中で、日本を身近に感じることができているか」と質問したとき、おそらく大半の方が「Ｙｅｓ」と答えるでしょう。インターネットの普及により日本の情報をリアルタイムに入手でき、旅費は昔ほど高くなく、和食レストランの数も豊富。日本との物理的な距離を意識せず、特に不自由のない生活を送れているのではないでしょうか。

しかし、それが当たり前ではなかった時代があったことも事実です。僕たちの快適な生活は、先人の人並ならぬ苦労と努力の上に成り立っているのです。僕の父の、こんなエピソードがあります。今から30~40年前のことです。

どうしても薄切り肉が欲しくて、近所の肉屋に出向いた父。薄切り肉というぐらいだから、家族でしゃぶしゃぶを楽しみたいとでも思ったのでしょう。しかし、ここはドイツ。しゃぶしゃぶを食べる習慣がないのは言うまでもありません。肉屋では、まず「なぜ薄切り肉が欲しいのか」という説明から始めます。

完全に不利な状況であるにもかかわらず、「しゃぶしゃぶを食べたい」という気持ちを抑えられない父。慣れないドイツ語で、自分がイメージしている薄切り肉について、身振り手振りを交えながら説明するも、店主は肩をすくめるばかりです。店主の顔には、「オマエの言っていることがさっぱりわからない」、「肉をそんなに薄く切って、一体どうするんだ?」という、大きなクエスチョンマークが浮かびます。

しかし、父はやり取りを通じて、その肉屋が使用しているスライサーでは、肉の厚さをミリ単位で調整できないという事実を突き止めることに成功。「それなら」ということで、フランクフルトの中心部にある小売市場へ。ありとあらゆる食材が手に入り、多国籍料理にも対応している、通称「フランクフルトの台所」と呼ばれる小売市場。ここなら、ミリ単位で調整可能の高機能スライサーを置いた肉屋があるはず。自然と足の運びが軽妙になる父。念願のしゃぶしゃぶまで、あともう一歩！

ところが、期待に胸を膨らませた父に、ここでも言語の壁が立ちはだかるのです。落胆する父。そもそも、「ドイツでしゃぶしゃぶを食す」という発想自体が、夢のまた夢なのか……。そんな中、ドイツでも薄く切って肉を食べる習慣があることを、父は思い出します。それは、生ハム！

そこで、「肉を、生ハムのように薄く切ってくれ」と、持ちうるすべての力を出し切って店主に働きかけることに。長いやり取りの末に、ついに理想とする薄切り肉を手に入れた父。その日のしゃぶしゃぶは、今まで食べたしゃぶしゃぶの中で1番美味しかったことでしょう。

今でこそ、薄切り肉は小売市場に行けば簡単に手に入る便利な時代ですが、ほんの30～40年前はそれがどれだけ大変だったか、おわかりいただけたと思います。僕の父に限らず、1970～80年代（あるいはそのもっと前）に赴任してきた方々であれば、誰もが一度はこのような苦労を経験し、手探りながら道を切り開いていったはずです。

僕たちは、結果を選ぶことはできません。「次のテストで、絶対100点をとりたい！」と願っただけで満点をとれる人は、いませんよね？　しかし、僕たちには選べることがあります。それは、「行動をとる」ということです。

思考力、コミュニケーション能力、目標設定力。グローバル時代を生きる上で必要なこれらのスキルを身につけるために、1人でも多くの子どもが「行動する」という道を選ぶことを、僕は願っています。かくいう僕も、それらのスキルを向上させるために、今後も歩みを止めるつもりはありません。

おわりに

今までの自分を徹底的に見つめ直すことから始まった、今回の執筆活動。おかげで、化学の授業で行ったプレゼンで高評価をもらったことや、大学時代に「Kotaroのドイツ語は問題ない」とドイツ人からお墨付きをいただいたことなど、嬉しい出来事をたくさん思い出すことができました。

一方で、絶えない差別や言語の壁に直面し、自信喪失に陥ったことなど、できれば忘れたい記憶が蘇ったのも事実です。

しかし、本書の執筆にあたって、あることに気づきました。嫌な思い出がいくつもあるのは、自分に行動力が欠如していたのが理由の1つではないか、ということです。さらには、行動力の前提となる3つのスキル（思考力、コミュニケーション能力、目標設定力）も機能していなかったのではと、今では思うのです。

僕は、1人でも多くの子どもが、僕と似たような経験をして心に傷を負うことのないよう、自分の体験談について語るとともに、それらから導き出した「グローバル時代に求められる3つのスキル」について共有させていただきました。

言語の壁や差別などはつらい経験ではありましたが、遭遇したことを僕は後悔していません。なぜならば、つらい経験がなければ、「自分の軸を定める」という発想には至らなかっただろうし、さらには、今のように、日本語とドイツ語の両方を駆使する環境にはいなかったかもしれないからです。

肝心なのは、よい経験を1つでも多く集めることよりも、身の回りに起こった出来事をどのように解釈するかではないでしょうか。そして、ここで親の役割が重要となるのです。

これから子どもとともに海外へ赴く保護者の皆さん、また、現在、海外で子育て中の保護者の皆さんに、僕がアドバイスさせていただけるとしたら、次のことを強調したいと思います。

どうか、子どもとは長期目線で向き合ってください。そして、子どもが経験する1つひとつの出来事に意味をもたせる努力を、親子で重ねてください。

時代は我々に、思考力、コミュニケーション能力、そして目標設定力を身につけることを求めています。それは海外帰国子女に限ったことではなく、どこで生まれ育ったかに関係なく、もはや誰もが取り組むべき課題であるといえます。1人ひとりにとって、それはプレッシャーではありますが、言語の壁や差別といった問題を減らすための大きなチャンスでもあります。

今の、そしてこれからの子どもたちがどのような経験を積んでいくのか、また、どのような世界を築いていくのか、ドイツで生まれ育った者として、とても楽しみです。

末筆となりますが、本書を出版するに際しては、産業能率大学出版部の方々、とりわけ、編集部の瓜島香織さんに大変お世話になりました。ドイツと日本の両国で作業を進めるという、「グローバル時代ならではの出版活動」と呼ぶにふさわしい、貴重な体験をさせていただきました。どうもありがとうございます。

【著者略歴】

中尾 弘太郎（なかお こうたろう）

AMI Advisory GmbH 代表取締役
1975 年フランクフルト生まれ

移転価格コンサルティングサービスの提供に従事する傍ら、自らの海外在住経験を活かした、「考えることの大切さ」などについて学ぶオンライン講義を、保護者や小中高生を対象に開催。すでにデュセルドルフやフランクフルト、東京、札幌、松山、クアラルンプールなどでの講演実績がある。SNS 上では、ドイツでの日常や、ダブルスクールすることの意義などについて情報発信している。フランクフルト在住。

●講演のご依頼などのお問い合わせは、下記メールアドレスまでお願いします：
kotaro.nakao.germany@gmail.com

●SNS 情報は、こちら：

帰国子女に学ぶ
グローバルで活躍する子どもの育て方　〈検印廃止〉

著　者　中尾　弘太郎
発行者　坂本　清隆
発行所　産業能率大学出版部
東京都世田谷区等々力 6-39-15　〒158-8630
（電話）03（6432）2536
（FAX）03（6432）2537
（URL）https://www.sannopub.co.jp/
（振替口座）00100-2-112912

2023 年3月 30 日　初版1刷発行

印刷所・製本所　金精社

（落丁・乱丁はお取り替えいたします）　ISBN 978-4-382-15833-7